DEN KOMPLETTA RECEPT BOKEN FÖR DIPS OCH SPRED

Förvandla vanligt mellanmål till extraordinära upplevelser med 100 läckra recept

Camilla Jakobsson

Copyright Material ©2024

Alla rättigheter förbehållna

Ingen del av denna bok får användas eller överföras i någon form eller på något sätt utan korrekt skriftligt medgivande från utgivaren och upphovsrättsinnehavaren, förutom korta citat som används i en recension. Den här boken bör inte betraktas som en ersättning för medicinsk, juridisk eller annan professionell rådgivning.

INNEHÅLLSFÖRTECKNING

INNEHÅLLSFÖRTECKNING **3**
INTRODUKTION **6**
RANCH DIPS **7**
   1. GRUNDLÄGGANDE HEBED RANCH-DOPP 8
   2. AVOCADO RANCH DIP 10
   3. SMOKY CHIPOTLE RANCH DIP 12
   4. CURRY RANCH DIP 14
   5. WASABI RANCH DIP 16
   6. COCONUT LIME RANCH DIP 18
   7. DILL PICKLE RANCH DIP 20
HUMMUS **22**
   8. ZUCCHINI OCH KIKÄRTSHUMMUS 23
   9. LEMONY KIKÄRTER OCH TAHINI HUMMUS 25
   10. GARLICKY CHICKPEA HUMMUS 27
   11. ROSTAD AUBERGINE DIP 29
   12. SPIRULINA HUMMUS 32
   13. MATCHA OCH RÖDBETSHUMMUS 34
   14. SOLTORKAD TOMATHUMMUS 36
   15. KIKÄRTSHUMMUS MED AQUAFABA 38
   16. SOJABÖNSRODDARHUMMUS 40
   17. INGEN KUMMINHUMMUS 42
   18. JALAPEÑO-CILANTRO HUMMUS 44
   19. YUZU HUMMUS 46
   20. BACK-TO-BASICS HUMMUS 48
   21. HUMMUS AV ROSTAD RÖD PAPRIKA 50
   22. HUMMUS AV VITA BÖNOR OCH DILL 52
   23. RÖKIG CHIPOTLE-PINTO HUMMUS 54
   24. NORDINDISK HUMMUS 56
   25. EXTRA LEN HUMMUS 58
   26. SOJABÖNOR HUMMUS 60
   27. CURRIED KIKÄRTSHUMMUS 62
   28. HUMMUS MED RÖD PAPRIKA (BÖNORFRI) 64
   29. ZUCCHINI HUMMUS 66
   30. HUMMUS KAWARMA (LAMM) MED CITRONSÅS 68
   31. MUSABAHA & ROSTAD PITABRÖD 70
   32. RIKTIG HUMMUS 73
   33. KRONÄRTSKOCKA HUMMUS 75
   34. SELLERI MED VITA BÖNOR HUMMUS 77
   35. EXOTISK BÖNHUMMUS 79
   36. SEMESTERHUMMUS 81
   37. HUMMUS MED SOLTORKADE TOMATER OCH KORIANDER 83

38. Hummus med rostade pinjenötter och persiljaolja 85
39. Hummus med pumpning och granatäpple 87
40. Hummus med tomatsmak 89
41. Hummusdipp med låg fetthalt 91
42. Saskatchewan hummus 93
43. Pesto hummus 95
44. Krämig blomkålshummus 97
45. Rostad morotshummus 99

BABA GANOUSH 101
46. Baba Ganoush 102
47. Rökig glödrostad auberginedipp 104
48. Italienska Baba Ghanoush 106
49. Beet Baba Ganoush 108
50. Avokado Baba Ganoush 110
51. Curry Baba Ganoush 112
52. Valnöt Baba Ganoush 114
53. Rostad röd paprika Baba Ganoush 116
54. Granatäpple Baba Ganoush 118
55. Aubergine valnötspålägg 120

GUACAMOL 122
56. Garlicky Guacamole 123
57. Getost Guacamole 125
58. Hummus guacamole 127
59. Kimchi Guacamole 129
60. Spirulina Guacamole Dip 131
61. Kokos Lime Guacamole 133
62. Nori Guacamole 135
63. Passionsfrukt Guacamole 137
64. Moringa guacamole 139
65. Mojito Guacamole 141
66. Mimosa Guacamole 143
67. Solros Guacamole 145
68. Dragon Fruit Guacamole 147

TAHINI-BASERADE DIPS 149
69. Krämig spenat-tahini dip 150
70. Kryddig rostad röd paprika Tahini Dip 152
71. Citronört Tahini Dip 154
72. Krämig Beet Tahini Dip 156
73. Soltorkad tomat och basilika tahini 158
74. Gurkmeja och ingefära Tahini Dip 160
75. Maple Cinnamon Tahini Dip 162

OSTDIPS 164
76. Tegelostdip 165

77. Blåmögelost & Gouda Ostdip 167
78. Gräddost och honungsdip 169
79. Buffalo Chicken Dip 171
80. Kryddig pumpa & Cream Cheese Dip 173
81. Bayersk partydipp/pålägg 175
82. Bakad kronärtskocka partydipp 177
83. Pub Cheese Dip 179
84. Lågkolhydratpizzadip 181
85. Krabba Rangoon dopp 183
86. Kryddig räkor och ostdipp 185
87. Vitlök och bacondipp 187
88. Krämig getost Pesto dip 189
89. Hot Pizza Super dip 191
90. Bakad spenat och kronärtskocksdipp 193
91. Kronärtskocka Dip 195
92. Krämig kronärtskocksdipp 197
93. Dill & Cream Cheese Dip 199
94. Vildris och chilidip 201
95. Kryddig pumpa & Cream Cheese Dip 203

ASIATISKA DOPPSOÅS 205
96. Aprikos Och Chile Doppa Sås 206
97. Mango-Ponzu dipsås 208
98. Soja ingefära doppsås 210
99. Kryddig jordnötsdoppsås 212
100. Sweet Chili Lime Dipping sås 214

SLUTSATS 216

INTRODUKTION

Välkommen till "DEN KOMPLETTA RECEPT BOKEN FÖR DIPS OCH SPRED", din ultimata guide till att förvandla vanligt mellanmål till extraordinära upplevelser med 100 läckra recept. Oavsett om du är värd för en fest, underhåller gäster eller bara njuter av en mysig kväll, är den här kokboken ditt pass till en värld av smak och kreativitet. Från klassiska dippar till innovativa pålägg, varje recept är designat för att lyfta ditt mellanmål och glädja dina smaklökar.

I den här kokboken kommer du att upptäcka en mängd olika recept som hyllar konsten att doppa och sprida. Från krämig hummus och syrlig salsa till överseende ostpålägg och dekadenta dessertdippar, det finns något som passar alla smaker och tillfällen. Oavsett om du är sugen på något sött, sött, kryddigt eller syrligt, hittar du ett recept här för att tillfredsställa ditt snacksbehov och imponera på dina gäster.

Det som utmärker "The Complete Dips and Spreads Recept Book" är dess betoning på enkelhet, mångsidighet och kreativitet. Oavsett om du är en erfaren husmanskock eller en nybörjare i köket, är dessa recept utformade för att vara enkla att följa och anpassas till dina smakpreferenser och kostbehov. Med minimala ingredienser och enkla instruktioner kan du piska ihop en sats hemgjorda dipp och pålägg på nolltid och förvandla vardagligt mellanmål till en gourmetupplevelse.

I den här kokboken hittar du praktiska tips för servering och förvaring av dipp och pålägg, samt fantastiska fotografier som inspirerar dina kulinariska äventyr. Oavsett om du är värd för en avslappnad sammankomst med vänner, firar ett speciellt tillfälle eller helt enkelt unnar dig ett läckert mellanmål, har "DEN KOMPLETTA RECEPT BOKEN FÖR DIPS OCH SPRED" allt du behöver för att ta ditt mellanmål till nästa nivå.

RANCH DIPS

1. Grundläggande Hebed Ranch-dopp

INGREDIENSER:
- 1 kopp majonnäs
- ½ kopp vanlig grekisk yoghurt
- 1½ tsk torkad gräslök
- 1½ tsk torkad persilja
- 1½ tsk torkad dill
- ¾ tesked granulerad vitlök
- ¾ tesked granulerad lök
- ½ tsk salt
- ¼ tesked svartpeppar

INSTRUKTIONER:
a) Kombinera alla ingredienser i a små skål.
b) Tillåta till sitta i de kylskåp för 30 minuter innan servering.

2.Avocado Ranch Dip

INGREDIENSER:
- 1 mogen avokado, skalad och urkärnad
- 1/2 kopp gräddfil
- 1/4 kopp majonnäs
- 1 msk färskpressad limejuice
- 2 msk hackad färsk koriander
- 1 vitlöksklyfta, hackad
- 1/2 tsk lökpulver
- Salta och peppra efter smak
- Valfritt: hackad jalapeño för extra värme

INSTRUKTIONER:
a) Mosa den mogna avokadon i en mixerskål tills den är slät.
b) Tillsätt gräddfil, majonnäs, limejuice, hackad koriander, hackad vitlök, lökpulver och valfri hackad jalapeño.
c) Blanda tills det är väl blandat och krämigt.
d) Krydda med salt och peppar efter smak.
e) Överför avokadoranchdippen till en serveringsskål.
f) Servera med tortillachips, grönsaksstavar, eller som en krämig topping till tacos eller nachos.

3.Smoky Chipotle Ranch Dip

INGREDIENSER:
- 1/2 kopp gräddfil
- 1/4 kopp majonnäs
- 1 msk chipotle paprika i adobosås, finhackad
- 1 msk färskpressad limejuice
- 1 tsk rökt paprika
- 1/2 tsk vitlökspulver
- 1/2 tsk lökpulver
- Salta och peppra efter smak
- Valfritt: hackad färsk koriander till garnering

INSTRUKTIONER:
a) Kombinera gräddfil, majonnäs, hackad chipotlepeppar, limejuice, rökt paprika, vitlökspulver och lökpulver i en mixerskål.
b) Blanda tills det är väl blandat.
c) Krydda med salt och peppar efter smak.
d) Garnera med hackad färsk koriander om så önskas.
e) Överför den rökiga chipotle ranch dippen till en serveringsskål.
f) Servera med krispiga sötpotatisfrites, kycklingvingar eller använd som en saftig dippsås till grillade grönsaker.

4.Curry Ranch Dip

INGREDIENSER:
- 1/2 kopp grekisk yoghurt
- 1/4 kopp majonnäs
- 1 msk currypulver
- 1 tsk honung
- 1 vitlöksklyfta, hackad
- 1 msk nyhackad koriander
- 1 msk nyhackad mynta
- 1 tsk citronskal
- Salta och peppra efter smak

INSTRUKTIONER:
a) I en mixerskål, kombinera grekisk yoghurt, majonnäs, currypulver, honung, hackad vitlök, hackad koriander, hackad mynta och citronskal.
b) Blanda tills alla ingredienser är väl införlivade.
c) Krydda med salt och peppar efter smak.
d) Överför curry ranch dippen till en serveringsskål.
e) Servera med grönsakscrudites, pitabröd eller som dippsås till samosas eller pakoras.

5.Wasabi Ranch Dip

INGREDIENSER:
- 1/2 kopp gräddfil
- 1/4 kopp majonnäs
- 1 matsked beredd wasabipasta
- 1 msk risvinäger
- 1 tsk sojasås
- 1 salladslök, finhackad
- 1/2 tsk sesamfrön (valfritt)
- Salta och peppra efter smak

INSTRUKTIONER:
a) Kombinera gräddfil, majonnäs, wasabipasta, risvinäger, sojasås, hackad salladslök och sesamfrön (om du använder den) i en mixerskål.
b) Blanda tills alla ingredienser är väl blandade.
c) Krydda med salt och peppar efter smak.
d) Överför wasabi ranch dippen till en serveringsskål.
e) Servera med sushi, tempura eller använd som dippsås till räkor eller sushirullar.

6. Coconut Lime Ranch Dip

INGREDIENSER:
- 1/2 kopp kokosgrädde
- 1/4 kopp grekisk yoghurt
- 1 msk majonnäs
- Skal och saft av 1 lime
- 1 msk nyhackad koriander
- 1 msk nyhackad mynta
- 1 tsk honung
- Salta och peppra efter smak

INSTRUKTIONER:
a) I en blandningsskål, kombinera kokosgrädde, grekisk yoghurt, majonnäs, limeskal, limejuice, hackad koriander, hackad mynta och honung.
b) Mixa tills det är slätt och krämigt.
c) Krydda med salt och peppar efter smak.
d) Överför kokoslime-ranchdippen till en serveringsskål.
e) Servera med tropiska frukter, grillade räkor, eller använd som dippsås för kokosräkor.

7. Dill Pickle Ranch Dip

INGREDIENSER:
- 1/2 kopp gräddfil
- 1/4 kopp majonnäs
- 1/4 kopp finhackad dillgurka
- 1 msk saltgurka juice
- 1 msk hackad färsk dill
- 1 tsk lökpulver
- Salta och peppra efter smak

INSTRUKTIONER:
a) I en mixerskål, kombinera gräddfil, majonnäs, finhackad dillgurka, saltgurka, hackad färsk dill och lökpulver.
b) Blanda tills alla ingredienser är väl införlivade.
c) Krydda med salt och peppar efter smak.
d) Justera krydda om det behövs.
e) Överför dill-pickle ranch-dippen till en serveringsskål.
f) Servera med potatischips, morotsstavar, eller som dipp till stekt pickles.

HUMMUS

8.Zucchini och kikärtshummus

INGREDIENSER:
- 1 burk kikärter, avrunna och sköljda
- 1 vitlöksklyfta, hackad
- 1 grön zucchini, hackad
- Handfull hackad persilja
- En handfull hackad basilika
- Himalaya eller havssalt
- Nymalen svartpeppar
- 4 matskedar olivolja
- En skvätt färsk citronsaft

INSTRUKTIONER:
a) Blanda allt.

9.Lemony Kikärter och Tahini Hummus

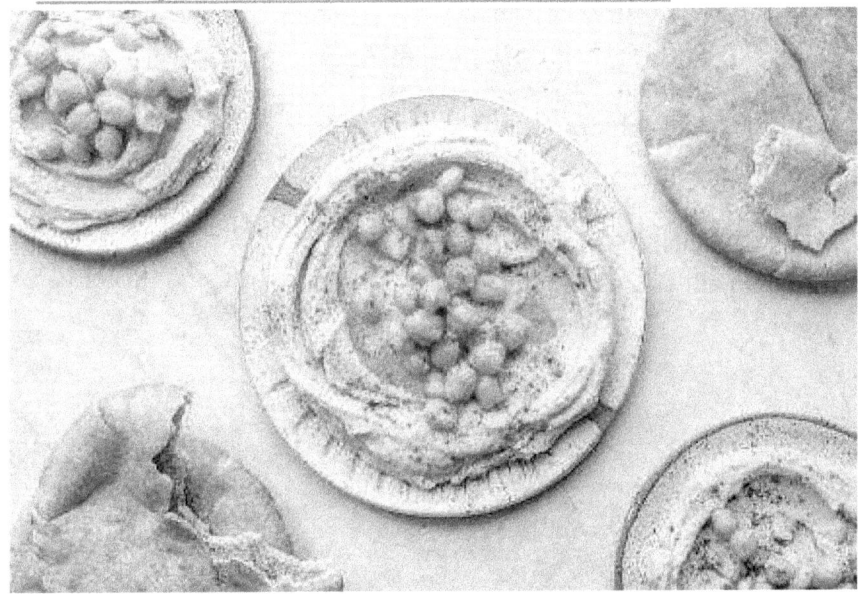

INGREDIENSER:
- Citronsaft från ½ citron
- 1 burk torkade kikärter, blötlagda
- 1 vitlöksklyfta
- 1 matsked tahini
- 1 matsked olivolja

INSTRUKTIONER:
a) Mixa allt tills det är slätt.

10. Garlicky Chickpea Hummus

INGREDIENSER:
- 2 vitlöksklyftor
- 1 burk kikärter
- 1 matsked tahini
- Citronsaft från 1 citron
- 1 msk olivolja

INSTRUKTIONER:
a) Blanda alla ingredienser i en mixerskål.

11. Rostad Aubergine Dip

INGREDIENSER:
- 3 medium auberginer med hud (de stor, runda, lila mängd)
- 2 matskedar olja
- 1 högar tesked av kummin frön
- 1 tesked jord koriander
- 1 tesked gurkmeja pulver
- 1 stor gul eller röd lök, skalad och tärnad
- 1 bit av ingefära rot, skalad och riven eller mald
- 8 kryddnejlika vitlök, skalad och riven eller mald
- 2 medium tomater, skalad (om möjlig) och tärnad
- 4 grön Thai, serrano, eller cayennepeppar chili, hackad
- 1 tesked röd chile pulver eller cayennepeppar
- 1 matsked grov hav salt

INSTRUKTIONER:
a) Uppsättning en ugn kuggstång på de näst högsta placera. Förvärma de broiler till 500°F (260°C). Linje a bakning ark med aluminium folie till undvika a röra senare.
b) Peta hål i de äggplanta med a gaffel (till släpp ånga) och plats dem på de bakning ark. Halstra för 30 minuter, vändning en gång. De hud kommer vara förkolnade och bränt i några områden när de är Gjort. Avlägsna de bakning ark från de ugn och låta de äggplanta Häftigt för på minst 15 minuter. Med a skarp kniv, skära a dela på längden från ett slutet av varje äggplanta till de Övrig, och dra Det öppen lite. Skopa ut de rostad kött inuti, varelse försiktig till undvika de ånga och rädda som mycket juice som möjlig. Plats de rostad äggplanta kött i a skål — du ska ha handla om 4 koppar (948 ml).
c) I a djup, tung panorera, värme de olja över medelhög värme.
d) Lägg till de kummin och kock fram tills Det fräser handla om 30 sekunder.
e) Lägg till de koriander och gurkmeja. Blanda och kock för 30 sekunder.
f) Lägg till de lök och brun för 2 minuter.
g) Lägg till de ingefära rot och vitlök och kock för 2 Mer minuter.

h) Lägg till de tomater och chili. kock för 3 minuter, fram tills de blandning mjuknar.
i) Lägg till de kött från de rostad auberginer och kock för annan 5 minuter, blandning ibland till undvika fastnar.
j) Lägg till de röd chile pulver och salt. På detta punkt, du skall också avlägsna och kassera några herrelös bitar av förkolnade äggplanta hud.
k) Blandning detta blandning använder sig av en nedsänkning blandare eller i a separat blandare. Gör det inte överdriva det där skall fortfarande vara några textur. Tjäna med rostat naan skivor, kex, eller tortilla pommes frites. Du burk också tjäna Det traditionellt med en indiska måltid av roti, linser, och raita.

12. Spirulina Hummus

INGREDIENSER:
- 1 burk kikärtor, dränerad, flytande reserverad
- 1 matsked oliv olja
- 2 teskedar tahini
- 1 matsked nyligen nedtryckt citron juice
- 1 kryddnejlika vitlök, krossad
- ½ tesked salt

INSTRUKTIONER:
a) Plats de kikärtor, oliv olja, tahini, citron juice, vitlök, och salt i a mat processor.
b) Sväng på de mat processor och långsamt Häll i i några av de reserverad kikärt flytande medan de maskin springer.
c) När de blandning är fullt kombinerad och slät, överföra Det in i a servering maträtt.

13.Matcha och rödbetshummus

INGREDIENSER:
- ½ tesked Matcha pulver
- 400 g tenn kikärtor, dränerad och sköljd
- 250 g kokta rödbeta
- 1 vitlök kryddnejlika
- 2 matskedar tahini
- 2 tesked jord kummin
- 100 ml extra oskuld oliv olja
- Juice av citron
- Salt till smak

INSTRUKTIONER:
a) Lägg till Allt ingredienserna bortsett från de kikärtor in i din mixer/mat processor. Blanda fram tills slät.
b) Lägg till de kikärtor och blandning igen fram tills slät och utsökt!

14. Soltorkad tomathummus

INGREDIENSER:
- 8,5 uns burk av soltorkad tomater i olja
- 8,8 uns burk av ugnsstekt tomater i olja
- #10 burk av garbanzo bönor, dränerad och sköljd
- 2 matskedar tahini klistra
- 2 matskedar lök pulver
- 2 teskedar paprika
- 2 matskedar hackad vitlök
- 1 kopp värma vatten
- 1 kopp grönsak olja
- 4 teskedar citron juice
- Salt och peppar till smak

INSTRUKTIONER:
a) Lägg till soltorkad tomater, rostad tomat, och tahini klistra till de mat processor. Använda sig av 1 matsked av vatten till tunn ut de blandning. Blanda fram tills slät.
b) Lägg till garbanzo bönor, lök pulver, vitlök, paprika, och citron juice. Sväng de processor på låg och blanda.
c) Långsamt Lägg till vatten och olja, till lossa de blad, och tillåta de hummus till blanda fram tills slät.
d) Upprepa de bearbeta med de andra omgång av Ingredienser.

15.Kikärtshummus med aquafaba

INGREDIENSER:
- 2 koppar konserverad kikärtor
- 2 kryddnejlika vitlök
- 4 matskedar växtbaserad tahini
- 2 matskedar citron juice, nyligen klämd
- 2 teskedar kummin pulver
- 1 tesked salt
- ½ teskedar chili pulver

AQUAFABA
- ½ kopp kikärt flytande

TOPPINGS
- Koriander
- Koriander frön
- Chili pulver
- Hela kikärtor

INSTRUKTIONER:
TILL GÖRA DE AQUAFABA:
a) Om de kikärt flytande innehåller a massa av små bitar av bönor, anstränga Det genom a bra maska sil till avlägsna dem.
b) Lätt vispa de flytande fram tills skummig, sedan mäta ut de nödvändig belopp av aquafaba.

TILL GÖRA DE HUMMUS:
c) Plats de kikärtor, vitlök, och aquafaba i a mat processor burk och puré fram tills slät.
d) Lägg till tahini, citron juice, kummin, salt, och chili pulver till smak.
e) Bearbeta på hög fart fram tills de hummus är slät och krämig. Om nödvändig, spritsa med vatten.
f) Slev de hummus in i a servering skål och topp med färsk Koriander löv och frön.
g) Kyla i en lufttät behållare för upp till 5 dagar.

16. Sojabönsroddarhummus

INGREDIENSER:
- 480 g kokta sojabönor
- 285g gul ljuv majs
- 10 soltorkad tomat halvor
- 2 teskedar. vitlök pulver
- ½ teskedar paprika pulver
- ½ tesked torkas basilika
- 1 tesked lök pulver
- 2 Matskedar näringsmässigt jäst
- 2 Matskedar citron juice
- Vatten

INSTRUKTIONER:
a) Blöta de soltorkad tomat halvor i varm vatten för på minst ett timme.
b) Dränera och grundligt Skölj.
c) Kombinera Allt av ingredienserna i a mat processor och bearbeta fram tills slät och krämig.

17. Ingen kumminhummus

INGREDIENSER:
- 2 koppar av kikärtor, dränerad med vatten uppsättning åt sidan
- 1/2 kopp tahini
- Vitlök Klistra
- Juice av 6 limefrukter
- Salt och peppar.
- A mycket ljus stänk av röd chili peppar flingor

INSTRUKTIONER:
a) Blandning i a blandare.
b) Om för tjock, Lägg till Mer vatten från de kikärtor till slät Det ut.

18. Jalapeño-Cilantro Hummus

INGREDIENSER:

- 1 (15 ounce) burk kikärtor, dränerad och sköljd
- 1 kopp Koriander löv, plus ytterligare för garnering
- 2 små jalapeños, seedade och grovt hackad
- 1 vitlök kryddnejlika
- ¼ kopp färsk kalk juice
- 2 matskedar tahini (sesam klistra)
- 1 matsked oliv olja

INSTRUKTIONER:

a) I a mat processor, puré de kikärtor, Koriander, jalapeños, och vitlök fram tills slät.

b) Lägg till de kalk juice, tahini, och olja och bearbeta fram tills väl blandad. Om de blandning är för tjock, Lägg till vatten, 1 matsked på a tid, fram tills de önskad konsistens är uppnått.

c) Tjäna de hummus omedelbart, garnerad med ytterligare Koriander, eller omslag och kyla Det för upp till 2 dagar.

19.Yuzu Hummus

INGREDIENSER:
- 2 dl kokta kikärter (garbanzobönor)
- 1/4 kopp (59 ml) färsk Yuzu-juice
- 1/4 kopp (59 ml) tahini
- Hälften av en stor vitlöksklyfta, finhackad
- 2 msk olivolja eller spiskumminolja , plus mer för servering
- 1/2 till 1 tsk salt
- 1/2 tsk mald spiskummin
- 2 till 3 matskedar vatten
- En skvätt mald paprika till servering

INSTRUKTIONER:
a) Kombinera tahini och yuzu juice och blandning för 1 minut. Lägg till de oliv olja, mald vitlök, kummin och de salt till tahini och citron blandning. Bearbeta för 30 sekunder, skrapa sidor och sedan bearbeta 30 sekunder Mer.
b) Lägg till halv av de kikärtor till de mat processor och bearbeta för 1 minut. Skrapa sidor, Lägg till återstående kikärtor och bearbeta för 1 till 2 minuter.
c) Överföra de hummus in i a skål sedan dugga handla om 1 Matskedar av oliv olja över de topp och stänk med paprika.

20. Back-To-Basics Hummus

INGREDIENSER:
- 3 till 4 vitlök kryddnejlika
- 1 1/2 koppar kokta eller 1 (15,5 ounce) burk kikärtor, dränerad och sköljd
- 1 kopp Juice av 1 citron
- 1/2 tesked salt
- 1/8 tesked jord cayennepeppar
- 2 matskedar oliv olja
- Ljuv eller rökt paprika, för garnering

INSTRUKTIONER:
a) I a mat processor, bearbeta de vitlök fram tills fint mald. Lägg till de kikärtor och tahini och bearbeta fram tills slät. Lägg till de citron juice, salt till smak, och cayennepeppar och bearbeta fram tills väl kombinerad.
b) Med de maskin löpning, ström i de olja och bearbeta fram tills slät.
c) Smak, justeras kryddor om nödvändig. Överföra till a medium skål och stänk med paprika till tjäna. Om inte använder sig av höger bort, omslag och kyla fram tills behövs.
d) Ordentligt lagrad Det kommer ha kvar i de kylskåp för upp till 4 dagar.

21. Hummus av rostad röd paprika

INGREDIENSER:
- 2 vitlök kryddnejlika, krossad
- 1 1/2 koppar kokta eller 1 (15,5 ounce) burk kikärtor, dränerad och sköljd
- 2 rostad röd paprika
- 1 matsked färsk kalk juice
- Salt
- Jord cayennepeppar

INSTRUKTIONER:
a) I a mat processor, bearbeta de vitlök fram tills fint mald. Lägg till de kikärtor och röd peppar och bearbeta fram tills slät.
b) Lägg till de kalk juice och salt och cayennepeppar till smak. Bearbeta fram tills väl blandad. Smak, justeras kryddor om nödvändig.
c) Överföra till a medium skål och tjäna. Om inte använder sig av höger bort, omslag och kyla fram tills behövs. Ordentligt lagrad, Det kommer ha kvar för upp till 3 dagar.

22.Hummus av vita bönor och dill

INGREDIENSER:

- 2 vitlök kryddnejlika, krossad
- 11/2 koppar kokta eller 1 (15,5 ounce) burk vit bönor, sådan som Bra Nordlig, dränerad och sköljd
- 2 matskedar färsk citron juice
- 1/4 kopp färsk dill eller 2 matskedar torkas
- 1/8 tesked jord cayennepeppar
- 2 matskedar oliv olja

INSTRUKTIONER:

a) I a mat processor, bearbeta de vitlök fram tills fint mald. Lägg till de kikärtor och tahini och bearbeta fram tills slät. Lägg till de citron juice, dill, salt, och cayennepeppar och bearbeta fram tills väl blandad.

b) Med de maskin löpning, ström i de olja och bearbeta fram tills slät. Smak, justeras kryddor om nödvändig. Överföra till a medium skål och omslag och kyla 2 timmar innan servering. De smaker förbättra och intensifiera om gjord ett huvud. Ordentligt lagrad, Det kommer ha kvar för upp till 3 dagar.

23. Rökig Chipotle-Pinto Hummus

INGREDIENSER:
- 1 vitlök kryddnejlika, krossad
- 1 1/2 koppar kokta eller 1 (15,5 ounce) burk pinto bönor, dränerad och sköljd
- 2 teskedar färsk kalk juice
- Salt och nyligen jord svart peppar
- 1 matsked fint mald grön lök, för garnering

INSTRUKTIONER:
a) I a mat processor, bearbeta de vitlök fram tills fint mald. Lägg till de bönor och chipotle och bearbeta fram tills slät. Lägg till de kalk juice och salt och peppar till smak. Bearbeta fram tills väl blandad.
b) Överföra till a medium skål och stänk med de grön lök. Tjäna höger bort eller omslag och kyla för 1 till 2 timmar till tillåta de smaker till intensifiera.
c) Ordentligt lagrad, Det kommer ha kvar för upp till 3 dagar.

24.Nordindisk hummus

INGREDIENSER:
- 2 koppar (396 g) kokta hela bönor eller linser
- Juice av 1 medium citron
- 1 kryddnejlika vitlök, skalad, trimmas och grovt hackad
- 1 tesked grov hav salt
- 1 tesked jord svart peppar
- ½ tesked Rostad Jord Kummin
- ½ tesked jord koriander
- ¼ kopp (4 g) hackad färsk Koriander
- ⅓ kopp (79 ml) plus 1 matsked oliv olja
- 1–4 matskedar (15–60 ml) vatten
- ½ tesked paprika, för garnering

INSTRUKTIONER:
a) I a mat processor, kombinera de bönor eller linser, citron juice, vitlök, salt, svart peppar, kummin, koriander, och Koriander. Bearbeta fram tills väl blandad.
b) Med de maskin fortfarande löpning, Lägg till de olja. Fortsätta till bearbeta fram tills de blandning är krämig och slät, lägga till vatten som behövs, 1 matsked på a tid.

25.Extra len hummus

INGREDIENSER:
- 2 (14 ounce) burkar kikärtor
- 2 vitlök kryddnejlika, krossade
- ¼ tesked jord kummin
- Juice av 1 citron, plus Mer som behövs
- ½ kopp tahini
- 2 matskedar kallpressad oliv olja, plus Mer för servering
- Fjällig hav salt
- Rostat tall nötter, för servering (frivillig)

INSTRUKTIONER:
a) I de tryck spis pott, kombinera de kikärtor, de flytande från de burkar, och de vitlök. Låsa de lock i plats och kock på hög tryck för 10 minuter. Snabbt eller naturlig släpp, sedan öppen när de tryck avtar.
b) Boka ½ kopp av de matlagning flytande och dränera de resten. Överföra de kikärtor och vitlök till a mat processor och puls fram tills för det mesta slät, handla om 3 minuter. Lägg till de kummin, citron juice, tahini, och oliv olja och puls till kombinera, handla om 1 minut. Medan puré, långsamt Lägg till de reserverad matlagning flytande, 1 matsked på a tid, fram tills din önskad konsistens är nådde. Smak och Lägg till salt som behövs.
c) Sked de hummus in i a skål. Tjäna med oliv olja och rostat tall nötter, om önskad. Lagra de hummus kallt i en lufttät behållare för upp till 1 vecka.

26.Sojabönor hummus

INGREDIENSER:
- 1 kopp Torr soja bönor - uppblött och dränerad
- 3 matskedar Citron juice
- ¼ kopp Oliv olja
- 2 matskedar Hackad färsk persilja
- 1 Vitlök kryddnejlika
- Salt och peppar

INSTRUKTIONER:
a) Puré alla ingredienser i a mat processor fram tills slät.
b) Njut av.

27. Curried Kikärtshummus

INGREDIENSER:
- 1/2 kopp torr kikärtor; uppblött
- 1 bukt blad
- 1/4 tesked pulveriserad kummin
- 1/4 knippa Persilja; hackad.
- 1/4 tesked paprika
- 2 vitlök kryddnejlika
- 1 Matsked tahini
- 1/2 citron; juiced
- 1/4 tesked hav salt
- 1 Matsked oliv olja

INSTRUKTIONER:
a) I en Omedelbar Pott, kombinera 3 koppar vatten, kikärtor, bukt blad, och vitlök kryddnejlika.
b) Stänga de omedelbar pott lock och kock på hög tryck för 18 minuter.
c) Do a Naturlig släpp och öppen de omedelbar pott omslag när Det pip.
d) Avlägsna de bukt blad och anstränga de kokta kikärtor.
e) Saute för 2 minuter i de Omedelbar Pott med de olja och de ytterligare Ingredienser. Blandning.
f) Kombinera alla ingredienser i a blandning skål och tjäna.

28. Hummus med röd paprika (bönorfri)

INGREDIENSER:
- ½ kopp sesam frön, jord in i a pulver
- 2 teskedar hackad vitlök
- 1 tesked hav salt
- 2 koppar seedade och tärnad röd klocka peppar
- 1/3 kopp tahini
- ¼ kopp citron juice
- ½ tesked jord kummin

INSTRUKTIONER:

a) I a mat processor, bearbeta de sesam frön, vitlök, och salt in i små bitar.

b) Lägg till de återstående ingredienser och bearbeta fram tills slät.

c) Kommer ha kvar för 2 dagar i de kylskåp.

29. Zucchini Hummus

INGREDIENSER:
- 4 koppar zucchini, hackad
- 3 matskedar grönsak stock
- ¼ kopp oliv olja
- Salt och svart peppar till de smak
- 4 vitlök kryddnejlika, mald
- ¾ kopp sesam frön klistra
- ½ kopp citron juice
- 1 matsked kummin, jord

INSTRUKTIONER:
a) Uppsättning din omedelbar pott på saute läge, Lägg till halv av de olja, värme Det upp, Lägg till zucchini och vitlök, Vispa och kock för 2 minuter.
b) Lägg till stock, salt och peppar, omslag pott och kock på Hög för 4 minuter Mer.
c) Överföra zucchini till din blandare, Lägg till de resten av de olja, sesam frön klistra, citron juice och kummin, puls väl, överföra till skålar och tjäna som a mellanmål.
d) Njut av!

30.Hummus Kawarma (lamm) med citronsås

INGREDIENSER:
KAWARMA
- 10½ uns / 300 g nacke filea av lamm, fint hackad förbi hand
- ¼ tsk nyligen jord svart peppar
- ¼ tsk nyligen jord vit peppar
- 1 tsk jord kryddpeppar
- ½ tsk jord kanel
- Bra nypa av nyligen riven muskot
- 1 tsk krossad torkas za'atar eller oregano löv
- 1 msk vit vin vinäger
- 1 msk hackad mynta
- 1 msk hackad plattblad persilja
- 1 tsk salt
- 1 msk osaltad Smör eller ghee
- 1 tsk oliv olja

CITRON SÅS
- ⅓ uns / 10 g plattblad persilja, fint hackad
- 1 grön chile, fint hackad
- 4 msk nyligen klämd citron juice
- 2 msk vit vin vinäger
- 2 kryddnejlika vitlök, krossad
- ¼ tsk salt

INSTRUKTIONER:
a) Till göra de kawarma, plats Allt ingredienserna isär från de Smör eller ghee och olja i a medium skål. Blanda väl, omslag, och tillåta de blandning till marinera i de kylskåp för 30 minuter.

b) Bara innan du är redo till kock de kött, plats Allt ingredienserna för de citron sås i a små skål och Vispa väl.

c) Värme de Smör eller ghee och de oliv olja i a stor fräsning panorera över medelhög värme. Lägg till de kött i två eller tre partier och Vispa som du fritera varje omgång för 2 minuter. De kött skall vara ljus rosa i de mitten.

d) Dela upp de hummus bland 6 enskild grund skålar, lämnar a lätt ihålig i de Centrum av varje. Sked de värma kawarma in i de ihålig och sprida ut med de reserverad kikärtor. Dugga generöst med de citron sås och garnering med några persilja och de tall nötter.

31.Musabaha & rostad pitabröd

INGREDIENSER:
- 1¼ koppar / 250 g torkas kikärtor
- 1 tsk bakning soda
- 1 msk jord kummin
- 4½ msk / 70 g ljus tahini klistra
- 3 msk nyligen klämd citron juice
- 1 kryddnejlika vitlök, krossad
- 2 msk iskall vatten
- 4 små pitas (4 uns / 120 g i total)
- 2 msk oliv olja
- 2 msk hackad plattblad persilja
- 1 tsk ljuv paprika
- salt och nyligen jord svart peppar

TAHINI SÅS
- 5 msk / 75 g ljus tahini klistra
- ¼ kopp / 60 ml vatten
- 1 msk nyligen klämd citron juice
- ½ kryddnejlika vitlök, krossad

CITRON SÅS
- ⅓ uns / 10 g plattblad persilja, fint hackad
- 1 grön chile, fint hackad
- 4 msk nyligen klämd citron juice
- 2 msk vit vin vinäger
- 2 kryddnejlika vitlök, krossad
- ¼ tsk salt

INSTRUKTIONER:

a) Följ de Grundläggande hummus recept för de metod av blötläggning och matlagning de kikärtor, men kock dem a liten mindre; de skall ha a liten motstånd vänster i dem men fortfarande vara fullt kokta. Dränera de kokta kikärtor, reservera ⅓ koppar / 450 g) med de reserverad matlagning vatten, de kummin, ½ tesked salt, och ¼ tesked peppar. Ha kvar de blandning värma.

b) Plats de återstående kikärtor (1 kopp / 150 g) i a små mat processor och bearbeta fram tills du skaffa sig a styv klistra. Sedan, med de maskin fortfarande löpning, Lägg till de tahini klistra, citron juice, vitlök, och ½ tesked salt. Till sist, långsamt dugga i de iskallt vatten och blanda för handla om 3 minuter, fram tills du skaffa sig a mycket slät och krämig klistra. Lämna de hummus till ett sida.

c) Medan de kikärtor är matlagning, du burk förbereda de Övrig element av de maträtt. För de tahini sås, sätta Allt ingredienserna och a nypa av salt i a små skål. Blanda väl och Lägg till a liten Mer vatten om behövs till skaffa sig a konsistens lite löpare än honung.

d) Nästa, blanda tillsammans Allt ingredienserna för de citron sås, och uppsättning åt sidan.

e) Till sist, öppen upp de pitas, riva de två sidor isär. Plats under a varm broiler för 2 minuter, fram tills gyllene och fullständigt torr. Tillåta till Häftigt ner innan brytning in i udda formad bitar.

f) Dela upp de hummus bland fyra enskild grund skålar; gör det inte nivå Det eller Tryck Det ner, du vilja de höjd. Sked över de värma kikärtor, följt förbi de tahini sås, de citron sås, och a dugga av oliv olja. Garnering med de persilja och a stänk av paprika och tjäna, åtföljs med de rostat pitabröd bitar.

32.Riktig hummus

INGREDIENSER:
- 19 oz garbanzo bönor, halv de flytande reserverad
- 2 matskedar tahini
- 2 kryddnejlika vitlök, dividerat
- 4 matskedar grönsak buljong
- 4 matskedar citron juice
- 1 tesked salt
- Svart peppar till smak

INSTRUKTIONER:
a) Börja förbi hacka de vitlök, sedan kombinera Det med de garbanzo bönor i a blandare och puls. Boka 1 matsked av garbanzo bönor för garnering.
b) I de blandare, blanda de reserverad flytande, tahini citron juice, och salt. Blandning de blandning fram tills Det är slät och krämig.
c) Fyll till hälften a servering skål med de blandning.
d) Säsong med peppar och Häll i i de grönsak buljong. Garnering med garbanzo bönor om önskad.

33.Kronärtskocka hummus

INGREDIENSER:
- 2 koppar Kokt garbanzo bönor
- 1 kopp Kronärtskocka hjärtan
- 6 Kryddnejlika vitlök
- 2 Citroner
- ½ tesked Paprika
- ½ tesked Kummin
- ½ tesked Koscher salt
- ½ tesked Vit peppar
- Virgin oliv olja

INSTRUKTIONER:

a) Juice de citroner. Kombinera alla ingredienser men de olja i de skål av a mat processor, sväng på, och långsamt dugga i oliv olja som ingredienserna är varelse bearbetas till a krämig konsistens.

34. Selleri med vita bönor hummus

INGREDIENSER:
- ¼ pund Sköljs dränerad konserverad vit njure; (cannellini) bönor
- 1 matsked Tahini; (sesam klistra)
- 2 teskedar Hackad schalottenlök
- 2 teskedar Nyligen klämd citron juice
- ¼ tesked Vitlök pulver
- 1 rusa Peppar
- 1 matsked Fint hackad färsk dill ELLER 1/2 tsk torkas dillgräs
- 2 medium Selleri revben skära in i tio 2\" bitar

INSTRUKTIONER:

a) Helt enkelt Ljus Matlagning I mat processor, kombinera alla ingredienser bortsett från dill och selleri och bearbeta fram tills blandning liknar a slät klistra. Vispa i dill. Sprida en likvärdig belopp av böna blandning till varje bit av selleri.

35. Exotisk bönhummus

INGREDIENSER:
- 2 koppar Kokt vit bönor
- 1 matsked Tahini; (sesam Smör)
- 1 matsked Hackad vitlök
- 3 matskedar Färsk citron juice
- 2 matskedar Hackad persilja
- 1 tesked Hackad mynta; frivillig
- 1 tesked Hela spannmål senap
- ¼ tesked Varm peppar sesam olja; eller till smak
- Salt; till smak
- Nymalen svart peppar; till smak

INSTRUKTIONER:

a) I a mat processor eller blandare Lägg till Allt ingredienserna bortsett från de sesam olja och salt och peppar och bearbeta fram tills slät. Lägg till de varm sesam olja och de salt och peppar till smak och kombinera med a par av kort spricker.

b) Tunn om önskad med några av de böna matlagning flytande, vatten eller kärnmjölk.

c) Lagra täckt i kylskåp för upp till 5 dagar. Detta recept Makess handla om 2 koppar av hummus.

36.Semesterhummus

INGREDIENSER:
- 2 medium Kryddnejlika av vitlök; (upp till 3)
- 1 knippa Färsk persilja
- 2 stora Salladslökar; skära in i 1 tum bitar
- 2 burkar (15-1/2 uns) brud ärtor; sköljd och dränerad
- 6 matskedar Tahini
- 6 matskedar Färsk citron juice
- 1 tesked Salt

INSTRUKTIONER:

a) Sätta vitlök, persilja, och salladslökar i a mat processor, och finhacka.

b) Lägg till de brud ärtor, tahini, citron juice, och salt, och puré till a tjock klistra.

c) Lagra i a tajt täckt lagring behållare och kyla.

37.Hummus med soltorkade tomater och koriander

INGREDIENSER:
- 2½ kopp Kokt kikärtor (1 kopp torkad), dränerad (boka några av de flytande) -eller-
- 1 Burk, (15 ounce) dränerad (boka några av de flytande)
- 3 stora Vitlök kryddnejlika, fint hackad (eller till smak)
- ¼ kopp Citron juice
- 3 matskedar Oliv olja -eller-
- 2 matskedar Oliv olja -och-
- 1 matsked Chili smaksatt oliv olja
- 3 matskedar Sesam tahini
- ¼ kopp Enkel låg fetthalt eller inget fett yoghurt (Mer om behövs)
- ½ tesked Kummin
- 3 Soltorkad tomater i olja, hackad ungefär (upp till 4)
- ¼ kopp Färsk Koriander, fint hackad
- Salt
- 1 rusa Cayenne peppar, eller till smak (frivillig)
- Några fint hackad färsk Koriander för garnering

INSTRUKTIONER:

a) Hacka de vitlök i a mat processor inpassad med de stål blad. Lägg till de kikärtor. Bearbeta för handla om a minut, fram tills de kikärtor är hackad och mjölig.

b) Lägg till de citron juice, oliv olja, tahini, halv av de yoghurt och a rusa av cayennepeppar peppar. Bearbeta fram tills slät. Tunn ut som önskad med de återstående yoghurt och några extra oliv olja. De blandning skall vara slät men inte rinnande. Om de blandning verkar för torr, Lägg till a bit av de reserverad flytande från de kikärtor eller a bit Mer olja.

c) Avlägsna blandning från de mat processor och plats i skål. Vispa i de hackad soltorkad tomater och de fint hackad Koriander. Smak och justera kryddor. Garnering med de extra hackad Koriander.

d) Tjäna med rå grönsaker och/eller pitabröd bröd skivad in i triangulär kilar.

38. Hummus med rostade pinjenötter och persiljaolja

INGREDIENSER:
- ¼ kopp Packade färsk plattbladig persilja kvistar
- ; plus 2 till 3 ytterligare kvistar
- ¾ kopp Kallpressad oliv olja
- 3 matskedar Tall nötter
- 1 tesked Kummin frön
- 2 burkar Kikärtor; (19 ounce)
- 4 Vitlök kryddnejlika
- ⅔ kopp Välrörd tahini*; (Mitten Östra
- ; sesam klistra)
- ⅔ kopp Vatten
- 5 matskedar Färsk citron juice
- 1 tesked Salt
- Rostat pitabröd pommes frites

INSTRUKTIONER:
a) Förvärma ugn till 350 grader.

b) I a blandare eller små mat processor puré ¼ kopp persilja med ¼ kopp olja. Häll i blandning genom a bra sikt uppsättning över a skål, brådskande hård på fasta ämnen, och kassera fasta ämnen.

c) I a små bakning panorera rostat bröd tall nötter och kummin frön, omrörning ibland, fram tills nötter är gyllene, handla om 10 minuter.

d) I a durkslag Skölj och dränera kikärtor och i a mat processor puré ½ kopp med vitlök fram tills vitlök är fint mald.

e) Lägg till tahini, vatten, citron juice, salt, återstående kikärtor, och återstående ½ kopp oliv olja och puré fram tills slät. Recept Maj vara beredd upp till detta punkt 3 dagar ett huvud.

f) Ha kvar hummus och persilja olja kyld, täckt, och tall nötter och kummin frön i en lufttät behållare på rum temperatur. Föra persilja olja till rum temperatur innan använder sig av.

g) Remsa löv från ytterligare persilja kvistar. Dela upp hummus mellan 2 grund maträtter och slät blast. Dugga hummus med persilja olja och stänk med persilja, tall nötter, och kummin frön.

h) Tjäna hummus med pitabröd skålar.

39.Hummus med pumpning och granatäpple

INGREDIENSER:
- 1 kopp Kokt kikärtor
- 1 kopp Pumpa, kokta och mosad, eller konserverad pumpa
- 2 matskedar Tahini, ursprung kallad för 1/3 kopp
- ¼ kopp Färsk persilja, mald
- 3 Kryddnejlika vitlök, mald
- 2 Granatäpplen

INSTRUKTIONER:
a) Pita bröd, dela och uppvärmd, eller Övrig kex, bröd, grönsaker
b) Puré de kikärtor, pumpa, tahini, persilja, och vitlök fram tills slät.
c) Överföra till a servering tallrik.
d) Bröd öppen de granatäpplen och separat de frön från de inre membran. Stänk han frön över de hummus serv kyld eller på rum temperatur med de pitas eller Övrig "doppare".

40.Hummus med tomatsmak

INGREDIENSER:
- 16 burkar Kikärtor
- 1 Citron
- 1 Kryddnejlika vitlök
- ½ tesked Tahini
- 2 matskedar Oliv olja
- ½ tesked Salt
- 1 Lök
- 1 Tomat
- 1 kopp Grov hackad persilja

INSTRUKTIONER:

a) Dränera de kikärtor, reservera ¼ kopp flytande. Pressa de juice från de citron.

b) Finhacka de vitlök, puré de kikärtor och reserverad flytande, citron juice, vitlök, tahini, olja och salt i a mat processor fram tills mycket slät.

c) Hacka de lök och tomat och kasta med de persilja. Sätta de hummus på a tallrik och ordna de njuta av Nästa till Det.

d) Dugga de hummus med ytterligare oliv olja.

41.Hummusdipp med låg fetthalt

INGREDIENSER:
- 1 burk (16 uns) garbanzo bönor; kikärtor
- 1 tesked Tahini
- 1 tesked Kallpressad oliv olja
- 1 tesked Hackad vitlök
- 1 matsked Vatten
- ¼ tesked Peppar
- 2 teskedar Färsk citron juice
- Cayenne peppar till smak
- ½ tesked Kummin
- ⅛ tesked Salt
- 2 Hårdkokt ägg; äggulor tog bort
- 2 matskedar Hackad svart oliver
- 1 Kvist persilja

INSTRUKTIONER:
a) Dränera och Skölj de garbanzo bönor. Prova till avlägsna som mycket av de lösa yttre beläggning av de bönor under de sköljning bearbeta som möjlig. Kassera dessa yttre beläggningar. Bearbeta alla ingredienser bortsett från de ägg, oliver, och persilja i a blandare eller mat processor fram tills slät. Plats i a servering maträtt.

b) Avlägsna de ägg äggulor och spara för annan recept eller kassera. Hacka de ägg vita in i små bitar, blanda med de oliver, och stänk över de dopp.

c) Garnering med persilja till tjäna.

42. Saskatchewan hummus

INGREDIENSER:
- ¼ kopp Jordnöt Smör
- ½ tesked Kummin
- ½ tesked Salt
- 2 kryddnejlika Vitlök
- 2 matskedar Citron juice
- 3 matskedar ;varm vatten
- 1 tesked Sesam olja
- 2½ kopp Gul dela ärtor; kokta
- Färsk persilja
- Jordnötter; frivillig
- Svart oliver; frivillig

Mest Hummus recept Start med Garbanzo bönor; detta variation använder gul dela ärtor och a liten jordnöt Smör.

INSTRUKTIONER:

a) Kombinera jordnöt Smör, kummin, salt och vitlök. Lägg till citron juice, varm vatten och sesam olja; blanda grundligt. Puré de dela ärtor; Lägg till jordnöt Smör och blanda. Garnering med persilja och valfritt hackad jordnötter eller skivad svart oliver. Tjäna med Pita bröd och färsk grönsaker för doppning.

43. Pesto hummus

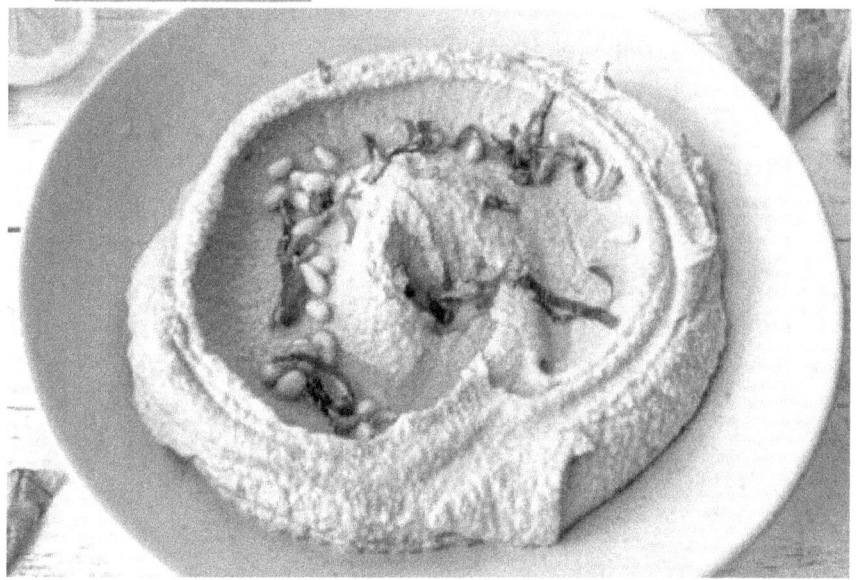

INGREDIENSER:
- 1 burk Kikärtor (skräp bönor), Nästan dränerad (ha kvar juice)
- 2 klasar Basilika (eller så), hackad.
- ½ Citron juiced

INSTRUKTIONER:

a) Sätta kikärtor, basilika, och några av de citron in i skål. Puré använder sig av blandare. Lägg till citron juice fram tills konsistens och smak är behaglig. Om fortfarande för tjock, du burk Lägg till några av de överbliven juice från de kikärt burk. Tjäna som a dopp eller använda sig av som a sprida på färsk bröd.

44.Krämig blomkålshummus

INGREDIENSER:
- 1 blomkål huvud, skära in i buketter
- 2 msk färsk kalk juice
- 1 tsk vitlök, hackad
- 1/3 kopp tahini
- 3 msk oliv olja
- Peppar
- Salt

INSTRUKTIONER:
a) Sprida blomkål till de ark panorera.
b) Välj baka läge sedan uppsättning de temperatur till 400 °F och tid för 35 minuter. Tryck Start.
c) En gång de Luft Fritös Ugn är förvärmt sedan plats de ark panorera in i de ugn.
d) Överföra blomkål in i de mat processor. Lägg till återstående ingredienser och bearbeta fram tills slät.
e) Tjäna och njut av.

45. Rostad morotshummus

INGREDIENSER:
- 1 burk av kikärtor, sköljd och dränerad.
- 3 morötter.
- 1 kryddnejlika vitlök.
- 1 tesked av paprika.
- 1 lastad matsked av tahini.
- De juice av 1 citron
- 2 Matskedar av ytterligare oskuld oliv olja.
- 6 Matskedar av vatten.
- ½ teskedar kummin pulver.
- Salt till smak.

INSTRUKTIONER:
a) Förvärma de ugn till 400° F. Tvätta och skal de morötter och skära dem in i liten bitar, sätta dem på a bakning bricka med a dugga av oliv olja, a nypa av salt och halv a tesked av paprika. Baka för handla om 35 minuter upp fram tills de morot är mjuk.
b) Ta dem ut av de ugn och låta Häftigt.
Medan de Häftigt, förbereda de hummus: tvätta och dränera väl de kikärtor och sätta dem i a mat kvarn med de resten av de aktiva Ingredienser och procedur fram tills du ser a väl kombinerade blandning. Sedan Lägg till de morötter och de vitlök och procedur igen!

BABA GANOUSH

46. Baba Ganoush

INGREDIENSER:
- 1 stor aubergine
- En näve persilja
- 1-2 vitlöksklyftor
- Saften av 2 citroner
- 2 matskedar tahini
- Salt & svartpeppar efter smak

INSTRUKTIONER:
a) Värm grillen till medelhög och koka auberginen hela i cirka en halvtimme.
b) Skär i den och skrapa bort insidan med en sked, lägg sedan köttet i en sil.
c) Mixa tills det är slätt.

47. Rökig glödrostad auberginedipp

INGREDIENSER:
- 3 klotäggplantor (cirka 3 pund, eller 1,35 kg, totalt)
- 1 rödlök, oskalad
- 2 vitlöksklyftor, hackade
- ¼ kopp (60 ml) olivolja, plus mer för duggregn
- ¾ tesked koshersalt, plus mer för smaksättning
- ¼ kopp (60 g) tahini
- 2 matskedar (30 ml) färsk citronsaft
- ¼ tesked mald spiskummin
- En handfull hackad färsk persilja, plus mer till garnering
- Sumac, till garnering

INSTRUKTIONER:
a) Förbered en het enplanseld i en eldstad och sprid ut kolen i en platt, enhetlig bädd som är minst 5 cm djup.
b) Pricka auberginerna på flera ställen med en gaffel.
c) Lägg aubergine och rödlök direkt på kolen. Grilla, vänd då och då, tills auberginerna har kollapsat, deras kött är väldigt mjukt och skalen är förkolnade överallt, cirka 20 minuter för aubergine och 30 minuter för löken.
d) Lägg över grönsakerna till en skärbräda och låt svalna.
e) Halvera auberginema på längden. Skopa ur köttet och lägg det i en nätsil. (Det går bra att lämna några av de brända bitarna på, eftersom de ger smak.) Låt rinna av i minst 15 minuter, mosa köttet med baksidan av en sked efter behov för att frigöra överflödig vätska.
f) Putsa och skala under tiden löken. Hacka den grovt och överför den till en matberedare. Tillsätt vitlök, olivolja och salt. Pulsera till en tjock puré. Tillsätt aubergine, tahini, citronsaft och spiskummin. Pulsera tills ingredienserna är kombinerade men fortfarande har lite konsistens. Smaka av och tillsätt mer salt efter önskemål.
g) Överför baba ghanoush till en medelstor skål och rör ner persiljan.
h) Ringla över lite olivolja, strö över en nypa Sumac och garnera med persilja innan servering.

48.Italienska Baba Ghanoush

INGREDIENSER:

- 4 stora italienska auberginer
- 2 pressade vitlöksklyftor
- 2 tsk kosher salt, eller efter smak
- 1 citron, saftad eller mer efter smak
- 3 matskedar tahini, eller mer efter smak
- 3 matskedar extra virgin olivolja
- 2 msk vanlig grekisk yoghurt
- 1 nypa cayennepeppar, eller efter smak
- 1 blad färsk mynta, malet (valfritt)
- 2 msk hackad färsk italiensk persilja

INSTRUKTIONER:

a) Förvärm en utomhusgrill för medelhög värme och olja in gallret lätt.
b) Pricka ytan på aubergineskalet flera gånger med spetsen på en kniv.
c) Lägg aubergine direkt på grillen. Vänd ofta med en tång medan huden förkolnar.
d) Koka tills auberginerna har kollapsat och är mycket mjuka, cirka 25 till 30 minuter.
e) Överför till en skål, täck tätt med aluminiumfolie och låt svalna i cirka 15 minuter.
f) När aubergine är tillräckligt svala för att hantera, dela dem på mitten och skrapa köttet i ett durkslag placerat över en skål.
g) Låt rinna av i 5 eller 10 minuter.
h) Överför auberginen till en mixerskål och tillsätt pressad vitlök och salt.
i) Mosa tills det är krämigt men med lite konsistens, ca 5 minuter.
j) Vispa i citronsaft, tahini, olivolja och cayennepeppar.
k) Rör ner yoghurt.
l) Täck skålen med plastfolie och ställ i kylen tills den är helt kall, cirka 3 eller 4 timmar.
m) Smaka av för att justera kryddor.
n) Innan servering, rör ner malet mynta och hackad persilja.

49. Beet Baba Ganoush

INGREDIENSER:
- 2 medelstora rödbetor, rostade och skalade
- 2 medelstora auberginer, rostade och skalade
- 2 vitlöksklyftor, hackade
- 2 matskedar tahini
- Saften av 1 citron
- 2 matskedar olivolja
- Salta och peppra efter smak
- Färsk persilja, hackad (för garnering)

INSTRUKTIONER:
a) Värm ugnen till 400°F (200°C). Slå in rödbetorna individuellt i aluminiumfolie och rosta i cirka 45-60 minuter, eller tills de är mjuka. Låt dem svalna, skala och tärna dem sedan.
b) Rosta auberginerna tillsammans med rödbetorna i cirka 30-40 minuter, eller tills skalet är förkolnat och fruktköttet är mjukt. Låt dem svalna, skala och tärna dem sedan.
c) I en matberedare, kombinera de rostade rödbetor, rostad aubergine, hackad vitlök, tahini, citronsaft och olivolja. Mixa tills det är slätt.
d) Krydda med salt och peppar efter smak. Justera konsistensen med ytterligare olivolja eller tahini om så önskas.
e) Överför rödbetan baba ganoush till en serveringsskål och garnera med hackad färsk persilja innan servering.
f) Njut av med pitabröd, kex eller skivade grönsaker.

50. Avokado Baba Ganoush

INGREDIENSER:
- 2 mogna avokado
- 2 medelstora auberginer, rostade och skalade
- 2 vitlöksklyftor, hackade
- 2 matskedar tahini
- Saften av 1 lime
- 2 matskedar olivolja
- Salta och peppra efter smak
- Koriander, hackad (för garnering)

INSTRUKTIONER:
a) I en matberedare, kombinera köttet av den mogna avokadon, rostade och skalade aubergine, hackad vitlök, tahini, limejuice och olivolja. Mixa tills det är slätt.
b) Krydda med salt och peppar efter smak. Justera konsistensen med ytterligare olivolja eller tahini om det behövs.
c) Överför avokadon baba ganoush till en serveringsskål och garnera med hackad koriander innan servering.
d) Servera med tortillachips, rostat pitabröd eller grönsaksstavar för doppning.

51. Curry Baba Ganoush

INGREDIENSER:
- 2 medelstora auberginer, rostade och skalade
- 2 vitlöksklyftor, hackade
- 2 matskedar tahini
- Saften av 1 citron
- 2 matskedar olivolja
- 1 tsk currypulver
- 1/2 tsk malen spiskummin
- 1/4 tsk mald koriander
- Salta och peppra efter smak
- Färsk koriander, hackad (för garnering)

INSTRUKTIONER:

a) I en matberedare, kombinera de rostade och skalade auberginema, hackad vitlök, tahini, citronsaft, olivolja, currypulver, mald spiskummin och mald koriander. Mixa tills det är slätt.

b) Krydda med salt och peppar efter smak. Justera kryddningen eller konsistensen med ytterligare kryddor, citronsaft eller olivolja om så önskas.

c) Överför curry baba ganoush till en serveringsskål och garnera med hackad färsk koriander före servering.

d) Servera med naanbröd, pitabröd eller grönsakscruditéer för doppning.

52. Valnöt Baba Ganoush

INGREDIENSER:
- 2 medelstora auberginer, rostade och skalade
- 1/2 kopp valnötter, rostade
- 2 vitlöksklyftor, hackade
- 2 matskedar tahini
- Saften av 1 citron
- 2 matskedar olivolja
- 1/4 tsk malen spiskummin
- Salta och peppra efter smak
- Färsk persilja, hackad (för garnering)

INSTRUKTIONER:
a) I en matberedare, kombinera de rostade och skalade auberginema, rostade valnötter, hackad vitlök, tahini, citronsaft, olivolja och mald spiskummin. Mixa tills det är slätt.
b) Krydda med salt och peppar efter smak. Justera kryddningen eller konsistensen med ytterligare citronsaft eller olivolja om det behövs.
c) Överför valnötbaba ganoush till en serveringsskål och garnera med hackad färsk persilja innan servering.
d) Servera med kex, brödpinnar eller grönsakscrudités för doppning.

53. Rostad röd paprika Baba Ganoush

INGREDIENSER:
- 2 medelstora auberginer, rostade och skalade
- 2 rostade röda paprikor, skalade och urkärnade
- 2 vitlöksklyftor, hackade
- 2 matskedar tahini
- Saften av 1 citron
- 2 matskedar olivolja
- Nypa rökt paprika
- Salta och peppra efter smak
- Färska basilikablad, hackade (för garnering)

INSTRUKTIONER:
a) I en matberedare, kombinera de rostade och skalade auberginema, rostad röd paprika, hackad vitlök, tahini, citronsaft, olivolja och rökt paprika. Mixa tills det är slätt.
b) Krydda med salt och peppar efter smak. Justera kryddningen eller konsistensen med ytterligare citronsaft eller olivolja om så önskas.
c) Överför den rostade röda paprikan baba ganoush till en serveringsskål och garnera med hackade färska basilikablad före servering.
d) Servera med pitabröd, tunnbröd eller grönsaksstavar för doppning.

54. Granatäpple Baba Ganoush

INGREDIENSER:
- 2 medelstora auberginer, rostade och skalade
- Frön från 1 granatäpple
- 2 vitlöksklyftor, hackade
- 2 matskedar tahini
- Saften av 1 citron
- 2 matskedar olivolja
- Nypa mald kanel
- Salta och peppra efter smak
- Färska myntablad, hackade (för garnering)

INSTRUKTIONER:

a) I en matberedare, kombinera de rostade och skalade auberginema, frön från ett granatäpple, hackad vitlök, tahini, citronsaft, olivolja och mald kanel. Mixa tills det är slätt.

b) Krydda med salt och peppar efter smak. Justera kryddningen eller konsistensen med ytterligare citronsaft eller olivolja om det behövs.

c) Överför granatäpple baba ganoush till en serveringsskål och garnera med hackade färska myntablad före servering.

d) Servera med rostat pitabröd, lavash-kex eller grönsakscruditéer för doppning.

55.Aubergine valnötspålägg

INGREDIENSER:
- 2 matskedar oliv olja
- 1 små lök, hackad
- 1 små äggplanta, skalad och skära in i -tum tärningar
- 2 vitlök kryddnejlika, hackad
- tesked salt
- 1/8 tesked jord cayennepeppar
- kopp hackad valnötter
- 1 matsked färsk mald basilika
- 2 matskedar vegan majonnäs
- 2 matskedar hackad färsk persilja, för garnering

INSTRUKTIONER:
a) I a stor stekpanna, värme de olja över medium värme. Lägg till de lök, äggplanta, vitlök, salt, och cayennepeppar. Omslag och kock fram tills mjuk, handla om 15 minuter. Vispa i de valnötter och basilika och uppsättning åt sidan till Häftigt.
b) Överföra de kyls äggplanta blandning till a mat processor. Lägg till de majonnäs och bearbeta fram tills slät. Smak, justeras kryddor om nödvändig, och sedan överföra till a medium skål och garnering med de persilja.
c) Om inte använder sig av höger bort, omslag och kyla fram tills behövs.
d) Ordentligt lagrad, Det kommer ha kvar för upp till 3 dagar.

GUACAMOL

56. Garlicky Guacamole

INGREDIENSER:

- 2 avokado, urkärnade
- 1 tomat, kärnad och finhackad
- ½ msk färsk limejuice
- ½ liten gul lök, finhackad
- 2 vitlöksklyftor, pressade
- ¼ tesked havssalt
- En skvätt peppar
- Finhackad färsk korianderblad

INSTRUKTIONER:

a) Använd en potatisstöt och mosa avokadon i en liten skål.
b) Servera omedelbart efter att ha blandat de ytterligare ingredienserna i den mosade avokadon.

57.Getost Guacamole

INGREDIENSER:
- 2 avokado
- 3 uns av get ost
- krydda från 2 limefrukter
- citron juice från 2 limefrukter
- ¾ tesked vitlök pulver
- ¾ tesked lök pulver
- ½ tesked salt
- ¼ tesked röd peppar flingor (frivillig)
- ¼ tesked peppar

INSTRUKTIONER:
a) Lägg till avokado till a mat processor och blandning fram tills slät.
b) Lägg till resten av ingredienserna och blandning fram tills inkorporerad.
c) Tjäna med pommes frites.

58. Hummus guacamole

INGREDIENSER:
- 1 varje Mogen avokado, skalad
- 2 koppar Hummus bi tahini
- 1 varje Salladslök, hackad
- 1 små Tomat, hackad
- 1 matsked Grön chili, hackad
- Oliv olja
- Koriander, hackad
- Pita

INSTRUKTIONER:
a) Skopa avokado in i a medium skål. Mosa & Lägg till hummus, blandning grundligt. Försiktigt Vispa i de Salladslök, tomat & chili.
b) Kolla upp kryddor. Omslag & kyla.
c) Innan servering, dugga med oliv olja & garnering med Koriander.
d) Tjäna med pitabröd kilar.

59. Kimchi Guacamole

INGREDIENSER:
- 3 mogna avokado, mosade
- 1 dl kimchi, hackad
- ¼ kopp rödlök, fint tärnad
- 1 lime, saftad
- Salta och peppra efter smak
- Tortillachips till servering

INSTRUKTIONER:
a) Mosa avokadon i en skål.
b) Tillsätt hackad kimchi, rödlök, limejuice, salt och peppar. Blanda väl.
c) Servera kimchi-guacamole med tortillachips.

60.Spirulina Guacamole Dip

INGREDIENSER:
- 2 avokado, urkärnade
- Saften av 1 citron
- Saften av 1 lime
- 1 vitlöksklyfta, grovt hackad
- 1 medelstor gul lök, grovt hackad
- 1 jalapeno, skivad
- 1 kopp korianderblad
- 3 matskedar spirulina
- 1 kärnad och hackad tomat eller ½ kopp druvtomater, halverade
- Salta och peppra efter smak

INSTRUKTIONER:
a) Lägg alla ingredienser, förutom tomater, i en mixer och mixa tills det blandas.
b) Rör ner tomaterna och smaka av.

61. Kokos Lime Guacamole

INGREDIENSER:
- 2 mogna avokado
- Saften av 1 lime
- Skal av 1 lime
- 2 msk hackad färsk koriander
- 2 msk tärnad rödlök
- 2 msk riven kokos
- Salta och peppra efter smak

INSTRUKTIONER:
a) Mosa de mogna avokadon med en gaffel i en skål tills de är krämiga.
b) Tillsätt limejuice, limeskal, hackad koriander, tärnad rödlök, riven kokos, salt och peppar.
c) Blanda väl för att kombinera alla ingredienser.
d) Smaka av och justera kryddningen efter önskemål.
e) Servera kokoslime-guacamole med tortillachips eller använd den som en läcker topping för tacos, smörgåsar eller sallader.
f) Njut av de krämiga och syrliga smakerna av denna tropiska twist på guacamole!

62. Nori Guacamole

INGREDIENSER:
- 1 avokado, skalad, urkärnad och mosad
- 1 salladslök, tunt skivad
- 1 msk färsk limejuice
- 1 msk hackad koriander
- Kosher salt och nymalen peppar
- 2 msk smulade rostade tångsnacks
- Brunriskakor eller kex, för servering

INSTRUKTIONER:
a) Blanda avokado, salladslök, limejuice och koriander i en skål.
b) Krydda med salt och peppar. Strö över rostad tång och servera med riskakor.

63.Passionsfrukt Guacamole

INGREDIENSER:
- 2 mogna avokado, skalade och mosade
- ¼ kopp tärnad rödlök
- ¼ kopp hackad färsk koriander
- 1 jalapeñopeppar, kärnad och tärnad
- 2 msk limejuice
- ¼ kopp passionsfruktmassa
- Salta och peppra efter smak

INSTRUKTIONER:
a) Blanda i en skål mosad avokado, rödlök, koriander, jalapeñopeppar, limejuice och passionsfruktmassa.
b) Krydda med salt och peppar.
c) Ställ i kylen i minst 30 minuter innan servering.
d) Servera med tortillachips eller som topping till tacos.

64. Moringa guacamole

INGREDIENSER:
- 2-4 tsk Moringapulver
- 3 mogna avokado
- 1 liten rödlök, finhackad
- En näve körsbärstomater, tvättade och finhackade
- 3 bladiga koriandergrenar, tvättade och finhackade
- Extra virgin olivolja, att ringla över
- Saften av 1 lime
- Kryddor: salt, peppar, torkad oregano, paprika och krossade korianderfrön

INSTRUKTIONER:
a) Halvera, stena och hacka avokadon grovt. Lämna en näve grovhackad avokado åt sidan.
b) Häll resten av ingredienserna i en stor skål och använd en gaffel för att mosa guacamole och rör om väl.
c) Lägg i resten av avokadon och strö lite korianderblad över.

65. Mojito Guacamole

INGREDIENSER:
- 3 mogna avokado, mosade
- ¼ kopp rödlök, fint tärnad
- ¼ kopp färsk koriander, hackad
- 1 jalapeño, frön borttagna och finhackade
- 2 msk färsk limejuice
- 1 tsk socker
- Salta och peppra efter smak
- Tortillachips till servering

INSTRUKTIONER:
a) I en skål, kombinera mosad avokado, rödlök, koriander, jalapeño och limejuice.
b) Rör ner socker, salt och peppar efter smak.
c) Servera med tortillachips och njut av din Mojito Guacamole!

66. Mimosa Guacamole

INGREDIENSER:
- 2 mogna avokado, mosade
- ¼ kopp tärnad rödlök
- ¼ kopp tärnade tomater
- ¼ kopp hackad koriander
- 1 jalapeno, kärnad och finhackad
- 2 msk färsk limejuice
- 2 matskedar champagne
- Salta och peppra efter smak

INSTRUKTIONER:
a) I en medelstor skål, kombinera mosad avokado, rödlök, tomater, koriander och jalapeno.
b) Rör ner färsk limejuice och champagne.
c) Krydda med salt och peppar efter smak.
d) Servera med tortillachips eller veggiestavar för doppning.

67. Solros Guacamole

INGREDIENSER:
- 2 avokado
- Saft av ½ lime
- ¼ tesked salt
- ⅔ kopp hackade solrosskott
- ¼ kopp finhackad rödlök
- ½ jalapeno, finhackad

INSTRUKTIONER:
a)   Blanda alla ingredienser i en skål och mosa till en tjock blandning.

68. Dragon Fruit Guacamole

INGREDIENSER:
- 1 drakfrukt
- 2 mogna avokado
- ¼ kopp tärnad rödlök
- ¼ kopp hackad koriander
- 1 jalapenopeppar, kärnad och finhackad
- 2 msk limejuice
- Salta och peppra efter smak
- Tortillachips, till servering

INSTRUKTIONER:
a) Skär drakfrukten på mitten och gröp ur fruktköttet.
b) I en medelstor skål, mosa avokadon med en gaffel eller potatisstöt.
c) Vänd ner drakfrukten, rödlöken, koriander, jalapenopeppar, limejuice, salt och peppar.
d) Blanda väl och låt guacamole stå i minst 10 minuter så att smakerna smälter samman.
e) Servera kyld med tortillachips.

TAHINI-BASERADE DIPS

69.Krämig spenat-tahini dip

INGREDIENSER:
- 1 (10 ounce) paket av färsk bebis spenat
- 1 till 2 vitlök kryddnejlika
- **1** tesked salt
- ⅓ kopp tahini (sesam klistra)
- Juice av 1 citron
- Jord cayennepeppar
- 2 teskedar rostat sesam frön, för garnering

INSTRUKTIONER:
a) Lätt ånga de spenat fram tills vissnat, handla om 3 minuter. Pressa torr och uppsättning åt sidan.
b) I a mat processor, bearbeta de vitlök och salt fram tills fint hackad. Lägg till de ångad spenat, tahini, citron juice, och cayennepeppar till smak.
c) Bearbeta fram tills väl blandad och smak, justeras kryddor om nödvändig.
d) Överföra de dopp till a medium skål och stänk med de sesam frön. Om inte använder sig av höger bort, omslag och kyla fram tills behövs.
e) Ordentligt lagrad, Det kommer ha kvar för upp till 3 dagar.

70.Kryddig rostad röd paprika Tahini Dip

INGREDIENSER:
- 2 stora röda paprikor, rostade, skalade och urkärnade
- 1/3 kopp tahini
- 2 vitlöksklyftor, hackade
- Saften av 1 citron
- 1 msk olivolja
- 1/2 tsk spiskummin
- 1/4 tsk rökt paprika
- Salta och peppra efter smak
- Hackad färsk persilja till garnering

INSTRUKTIONER:
a) Kombinera den rostade röda paprikan, tahini, hackad vitlök, citronsaft, olivolja, spiskummin och rökt paprika i en matberedare. Mixa tills det är slätt.
b) Krydda med salt och peppar efter smak. Justera kryddningen eller konsistensen med ytterligare citronsaft eller tahini om det behövs.
c) Överför dippen till en serveringsskål och garnera med hackad färsk persilja innan servering.
d) Servera med pitabröd, kex eller grönsaksstavar för doppning.

71. Citronört Tahini Dip

INGREDIENSER:
- 1/2 kopp tahini
- Saften av 1 citron
- Skal av 1 citron
- 2 vitlöksklyftor, hackade
- 2 msk hackad färsk persilja
- 1 msk hackad färsk dill
- 1 msk hackad färsk mynta
- 2 matskedar olivolja
- Salta och peppra efter smak
- Tunt skivade citronskivor till garnering

INSTRUKTIONER:

a) Vispa ihop tahini, citronsaft, citronskal, finhackad vitlök, hackad persilja, dill, mynta och olivolja i en bunke tills det är väl blandat.

b) Krydda med salt och peppar efter smak. Justera kryddningen eller konsistensen med ytterligare citronsaft eller tahini om så önskas.

c) Överför dippen till en serveringsskål och garnera med tunt skivade citronskivor innan servering.

d) Servera med rostat pitabröd, gurkskivor, eller som pålägg till smörgåsar.

72.Krämig Beet Tahini Dip

INGREDIENSER:
- 1 medelstor beta, rostad, skalad och tärnad
- 1/3 kopp tahini
- 2 vitlöksklyftor, hackade
- Saften av 1 citron
- 1 msk olivolja
- 1/2 tsk malen spiskummin
- Salta och peppra efter smak
- Rostade sesamfrön till garnering

INSTRUKTIONER:
a) I en matberedare, kombinera de rostade och tärnade rödbetor, tahini, hackad vitlök, citronsaft, olivolja och mald spiskummin. Mixa tills det är slätt.
b) Krydda med salt och peppar efter smak. Justera kryddningen eller konsistensen med ytterligare citronsaft eller tahini om det behövs.
c) Överför dippen till en serveringsskål och garnera med rostade sesamfrön innan servering.
d) Servera med crudité-grönsaker, brödpinnar eller som ett färgglatt tillskott till ett mezze-fat.

73. Soltorkad tomat och basilika tahini

INGREDIENSER:
- 1/2 kopp tahini
- 1/4 kopp soltorkade tomater (förpackade i olja), avrunna och hackade
- 2 msk hackade färska basilikablad
- 2 vitlöksklyftor, hackade
- Saften av 1 citron
- 2 matskedar olivolja
- Salta och peppra efter smak
- Pinjenötter för garnering (valfritt)

INSTRUKTIONER:
a) I en matberedare, kombinera tahini, soltorkade tomater, hackad basilika, hackad vitlök, citronsaft och olivolja. Mixa tills det är slätt.
b) Krydda med salt och peppar efter smak. Justera kryddningen eller konsistensen med ytterligare citronsaft eller tahini om det behövs.
c) Överför dippen till en serveringsskål och garnera med pinjenötter, om så önskas, före servering.
d) Servera med brödpinnar, kex eller grönsakscrudités för doppning.

74.Gurkmeja och ingefära Tahini Dip

INGREDIENSER:
- 1/2 kopp tahini
- 1 tsk mald gurkmeja
- 1 tsk riven färsk ingefära
- 2 vitlöksklyftor, hackade
- Saften av 1 citron
- 2 matskedar olivolja
- Nypa cayennepeppar
- Salta och peppra efter smak
- Hackad färsk koriander till garnering

INSTRUKTIONER:
a) Kombinera tahini, mald gurkmeja, riven ingefära, hackad vitlök, citronsaft, olivolja och nypa cayennepeppar i en blandningsskål. Blanda tills det är väl blandat.
b) Krydda med salt och peppar efter smak. Justera kryddningen eller konsistensen med ytterligare citronsaft eller tahini om så önskas.
c) Överför dippen till en serveringsskål och garnera med hackad färsk koriander innan servering.
d) Servera med naanbröd, pitabröd eller som dipp till rostade grönsaker.

75.Maple Cinnamon Tahini Dip

INGREDIENSER:

- 1/2 kopp tahini
- 2 msk lönnsirap
- 1/2 tsk mald kanel
- 1/4 tsk vaniljextrakt
- Nypa havssalt
- Saften av 1/2 citron
- 2-3 matskedar vatten (valfritt, för uttunning)
- Skivade äpplen, päron eller kringlor för doppning

INSTRUKTIONER:

a) Vispa ihop tahini, lönnsirap, mald kanel, vaniljextrakt, nypa havssalt och citronsaft i en bunke tills det är slätt.
b) Om dippen är för tjock, tillsätt vatten, en matsked i taget, tills önskad konsistens uppnås.
c) Överför dippen till en serveringsskål och servera med skivade äpplen, päron eller kringlor för doppning.
d) Njut som ett sött och krämigt mellanmål eller dessertdipp.

OSTDIPS

76.Tegelostdip

INGREDIENSER:
- 3 uns ricotta ost
- 3 uns nyligen riven tegel ost
- 3 Matskedar färsk timjan löv
- 6 uns get ost
- 1 uns parmesan hård ost, nyligen riven
- 4 remsor tjockskuren bacon, kokta och smulas sönder
- Salt och peppar, till smak

INSTRUKTIONER:
a) Förbereda de ugn för gassande.
b) Kombinera Allt av ingredienserna i a bakning maträtt.
c) Stänk de Parmesan ost över de maträtt.
d) Baka i a förvärmt ugn för 5 minuter, eller fram tills de ost börjar till brun och bubbla.
e) Avlägsna från de ugn och tjäna omedelbart.

77.Blåmögelost & Gouda Ostdip

INGREDIENSER:
- 2 matskedar osaltad Smör
- 1 kopp ljuv lök, tärnad
- 2 koppar grädde ost, på rum temperatur
- ⅛ tesked salt
- ⅛ tesked vit peppar
- ⅓ kopp Montucky Kall Snacks
- 1 ½ koppar hackad falsk kyckling
- ½ kopp honung senap, plus Mer för lätt regn
- 2 matskedar ranch klä på sig
- 1 kopp strimlad cheddar ost
- 2 koppar Gouda ost, strimlad
- 2 matskedar blå ost klä på sig
- ⅓ kopp smulas sönder blå ost, plus Mer för garnering
- ¾ kopp honung BBQ sås, plus Mer för lätt regn

INSTRUKTIONER:
a) I a stor stekpanna, smälta de Smör över låg värme.
b) Vispa i de tärnad lök och säsong med salt och peppar.
c) kock för 5 minuter, eller fram tills lite mjuknat.
d) Kock, omrörning ofta, fram tills de lök karamellisera, handla om 25 till 30 minuter.
e) Förvärma de ugn till 375° F.
f) Täcka a 9 tum bakning maträtt med nonstick matlagning spray.
g) Kombinera de grädde ost, Allt av de ost, BBQ sås, honung senap, ranch klä på sig, och blå ost i a stor blandning skål.
h) Lägg till de karamelliserad lök och falsk kyckling.
i) Plats de smet i a bakning maträtt.
j) Garnering med de återstående ost.
k) Baka de dopp för 20–25 minuter, eller fram tills gyllene.
l) Tjäna omedelbart.

78.Gräddost och honungsdip

INGREDIENSER:
- 2 uns gräddost
- 2 matskedar honung
- ¼ kopp pressad apelsinjuice
- ½ tsk mald kanel

INSTRUKTIONER:
a) Mixa allt tills det är slätt.

79. Buffalo Chicken Dip

INGREDIENSER:
- 2 dl strimlad kokt kyckling
- 8 uns färskost, mjukad
- ½ kopp varm sås
- ½ kopp ranchdressing
- 1 dl riven cheddarost
- ¼ kopp ädelostsmulor (valfritt)
- Tortillachips eller selleristavar, till servering

INSTRUKTIONER:
a) Värm ugnen till 350°F.
b) Kombinera den strimlade kycklingen, färskosten, varm sås och ranchdressingen i en stor blandningsskål. Rör om tills det är väl blandat.
c) Fördela blandningen i en 9-tums ugnsform och strö över strimlad cheddarost och ädelostsmulor (om du använder).
d) Grädda i 20-25 minuter, eller tills det är varmt och bubbligt.
e) Servera varm med tortillachips eller selleristavar.

80.Kryddig pumpa & Cream Cheese Dip

INGREDIENSER:
- 8 uns gräddost
- 15 uns osötad konserverad pumpa
- 1 tsk kanel
- ¼ tesked kryddpeppar
- ¼ tesked muskotnöt
- 10 pekannötter, krossade

INSTRUKTIONER:
a) Vispa ihop färskost och konserverad pumpa i en mixer tills den blir krämig.
b) Rör ner kanel, kryddpeppar, muskotnötter och pekannötter tills de är ordentligt blandade.
c) Innan servering, kyl i en timme i kylen.

81.Bayersk partydipp/pålägg

INGREDIENSER:
- ½ kopp lök, hackad
- 1 pund Braunschweiger
- 3 uns färskost
- ¼ tesked svartpeppar

INSTRUKTIONER:
a) Fräs löken i 8-10 minuter, rör om ofta; ta bort från värmen och låt rinna av.
b) Ta bort höljet från Braunschweiger och blanda köttet med färskosten tills det är slätt. Blanda i lök och peppar.
c) Servera som leverpålägg på kex, tunt skivad festråg, eller servera som dipp tillsammans med en mängd färska råa grönsaker som morötter, selleri, broccoli, rädisor, blomkål eller körsbärstomater.

82. Bakad kronärtskocka partydipp

INGREDIENSER:
- 1 Limpa stort mörkt rågbröd
- 2 msk smör
- 1 knippe salladslök; hackad
- 6 färsk vitlöksklyftor; finhackad, upp till 8
- 8 uns färskost; vid rumstemp.
- 16 uns Gräddfil
- 12 uns Strimlad cheddarost
- 14-ounce burk kronärtskockshjärtan; avrunna och skär i fjärdedelar

INSTRUKTIONER:
a) Skär ett hål i toppen av brödlimpan ca 5 tum i diameter. Ta bort mjukt bröd från den skurna delen och kassera.
b) Spara skorpan för att göra toppen till en limpa.
c) Skopa ur det mesta av den mjuka insidan av brödet och spara till andra ändamål, till exempel fyllning eller torkat brödsmulor. I smöret,
d) Fräs salladslöken och vitlöken tills löken vissnar. Skär färskosten i små bitar och tillsätt lök, vitlök, gräddfil och cheddarost. Blanda väl. Vik i kronärtskockshjärtan , ut all denna blandning till urhåligt bröd. Lägg toppen på brödet och linda in i kraftig aluminiumfolie . Grädda i 350 graders ugn i 1½ timme.
e) När du är klar, ta bort folien och servera, använd cocktailrågbröd för att doppa ur såsen.

83. Pub Cheese Dip

INGREDIENSER:
- 3 matskedar grovt hackad, inlagd jalapeno paprika
- 1 kopp hård cider
- ⅛ tesked jord röd peppar
- 2 koppar strimlad extra skarp, gul cheddar ost
- 2 koppar strimlad Colby Ost
- 2 matskedar majsstärkelse
- 1 matsked Dijon senap
- 60 kex

INSTRUKTIONER:
a) I a medium blandning skål, kombinera cheddar ost, Colby ost, och majsstärkelse. Plats åt sidan.
b) I a medium kastrull, kombinera cider och senap.
c) kock fram tills kokande över medelhög värme.
d) Långsamt vispa i de ost blandning, a liten på a tid, fram tills slät.
e) Sväng av de värme.
f) Vispa i de jalapeno och röd paprika.
g) Plats de blandning i a 1 liter långsam spis eller fondue pott.
h) Ha kvar värma på låg värme.
i) Tjäna vid sidan av kex.

84. Lågkolhydratpizzadip

INGREDIENSER:
- 6 uns av grädde Ost mikrovågsugn
- ¼ kopp Sur Grädde
- ½ kopp Mozzarella Ost, strimlad
- Salt och Peppar till Smak
- ¼ kopp Majonnäs
- ½ kopp Mozzarella Ost, strimlad
- ½ kopp Lågkalori Tomat Sås
- ¼ kopp Parmesan Ost

INSTRUKTIONER:
a) Förvärma de ugn till 350 grader Fahrenheit.
b) Blanda de grädde ost, sur grädde, majonnäs, mozzarella , s alt och peppar.
c) Häll i in i ramekins och sprida Tomat Sås över varje ramekin som väl som mozzarella ost och parmesan ost .
d) Topp din panorera pizza dips med din favorit pålägg.
e) Baka för 20 minuter .
f) Tjäna vid sidan av några gott brödpinnar eller fläsk svålar!

85.Krabba Rangoon dopp

INGREDIENSER:
- 1 (8-ounce) paket av grädde ost, mjuknat
- 2 matskedar oliv olja majonnäs
- 1 matsked nyligen klämd citron juice
- ½ tesked hav salt
- ¼ tesked svart peppar
- 2 kryddnejlika vitlök, mald
- 2 medium grön lök, tärnad
- ½ kopp strimlad Parmesan ost
- 4 uns (handla om ½ kopp) av konserverad vit krabbkött

INSTRUKTIONER:
a) Förvärma ugn till 350°F.
b) I a medium skål, blanda grädde ost, majonnäs, citron juice, salt, och peppar med a hand blandare fram tills väl inkorporerad.
c) Lägg till vitlök, lök, Parmesan ost, och krabbkött och vika ihop in i de blandning med a spatel.
d) Överföra blandningen till en ugnssäker lerkruka och sprid ut **DET** jämnt.
e) Grädda I 30–35 minuter fram tills toppen av dippen är lite brynt. Tjäna värma.

86.Kryddig räkor och ostdipp

INGREDIENSER:
- 2 skivor bacon utan socker
- 2 medelstora gula lökar, skalade och tärnade
- 2 vitlöksklyftor, hackade
- 1 kopp popcornräkor (inte den panerade typen), kokta
- 1 medelstor tomat, tärnad
- 3 koppar strimlad Monterey jack ost
- ¼ tesked Franks glödheta sås
- ¼ tesked cayennepeppar
- ¼ tesked svartpeppar

INSTRUKTIONER:

a) kock de bacon i a medium stekpanna över medium värme fram tills knaprig, handla om 5–10 minuter. Ha kvar fett i de panorera. Lägga de bacon på a papper handduk till Häftigt. När Häftigt, smula ner de bacon med din fingrar.

b) Lägg till de lök och vitlök till de bacon droppar i de stekpanna och saute över medel-låg värme fram tills de är mjuk och doftande, handla om 10 minuter.

c) Kombinera Allt ingredienserna i a långsam spis; Vispa väl. kock täckt på låg miljö för 1–2 timmar eller fram tills ost är fullt smält.

87.Vitlök och bacondipp

INGREDIENSER:
- 8 skivor bacon utan socker
- 2 dl hackad spenat
- 1 (8-ounce) paket färskost, mjukad
- ¼ kopp helfet gräddfil
- ¼ kopp vanlig helfet grekisk yoghurt
- 2 msk hackad färsk persilja
- 1 msk citronsaft
- 6 rostade vitlöksklyftor, mosade
- 1 tsk salt
- ½ tsk svartpeppar
- ½ kopp riven parmesanost

INSTRUKTIONER:
a) Förvärma ugn till 350°F.
b) kock bacon i a medium stekpanna över medium värme fram tills Krispig. Avlägsna bacon från de panorera och uppsättning åt sidan på a tallrik fodrad med papper handdukar.
c) Lägg till spenat till de varm panorera och kock fram tills vissnat. Avlägsna från värme och uppsättning åt sidan.
d) Till a medium skål, Lägg till grädde ost, sur grädde, yoghurt, persilja, citron juice, vitlök, salt, och peppar och slå med a handhållen mixer fram tills kombinerad.
e) Ungefär hacka bacon och Vispa in i grädde ost blandning. Vispa i spenat och Parmesan ost.
f) Överföra till en 8" × 8" bakning panorera och baka för 30 minuter eller fram tills varm och bubblig.

88.Krämig getost Pesto dip

INGREDIENSER:
- 2 koppar packade färsk basilika löv
- ½ kopp riven parmesan ost
- 8 uns av get ost
- 1-2 teskedar mald vitlök
- ½ tesked salt
- ½ kopp oliv olja

INSTRUKTIONER:
a) Blanda basilika, ost, vitlök, och salt i a mat processor eller blandare fram tills slät. Lägg till oliv olja i en även ström och blanda fram tills kombinerad.
b) Tjäna omedelbart eller Lagra i kylskåpet.

89. Hot Pizza Super dip

INGREDIENSER:
- Mjukat Grädde Ost
- Majonnäs
- Mozzarella Ost
- Basilika
- Oregano
- Vitlök Pulver
- Pepperoni
- Svart Oliver
- Grön klocka Paprika

INSTRUKTIONER:

a) Blanda i din mjuknat grädde ost, majonnäs, och a liten bit av mozzarella ost. Lägg till a stänk av basilika, oregano, persilja, och vitlök pulver, och Vispa fram tills dess fint kombinerad.

b) Fylla Det in i din djup maträtt paj tallrik och sprida Det ut i en även lager.

c) Sprida din pizza sås på topp och Lägg till din föredraget pålägg. För detta exempel, vi kommer Lägg till mozzarella ost, pepperoni svart oliver, och grön paprika. Baka på 350 för 20 minuter.

90.Bakad spenat och kronärtskocksdipp

INGREDIENSER:

- 14 uns kan kronärtskocka hjärtan, dränerad och hackad
- 10 uns frusna hackad spenat tinat
- 1 kopp verklig majonnäs
- 1 kopp riven parmesan ost
- 1 vitlök kryddnejlika nedtryckt

INSTRUKTIONER:

a) Tina frysta spenat sedan pressa Det torr med din händer.
b) Vispa tillsammans: dränerad och hackad kronärtskocka, klämd spenat, 1 kopp majonnäs, ¾ kopp parmesan ost, 1 nedtryckt vitlök kryddnejlika, och överföra till a 1 liter gryta eller paj maträtt.
c) Stänk på de återstående ¼ kopp parmesan ost.
d) Baka avslöjats för 25 minuter på 350°F eller fram tills uppvärmd genom. Tjäna med din favorit crostini, pommes frites, eller kex.

91. Kronärtskocka Dip

INGREDIENSER:

- 2 koppar av kronärtskocka hjärtan, hackad
- 1 kopp majonnäs eller ljus majonnäs
- 1 kopp strimlad Parmesan

INSTRUKTIONER:

a) Kombinera Allt ingredienserna, och plats de blandning i a smord bakning maträtt. Baka för 30 minuter på 350 °F.

b) Baka de dopp fram tills Det är lätt brynt och bubblig på topp.

92. Krämig kronärtskocksdipp

INGREDIENSER:
- 2 x 8 uns paket av grädde ost, rum temp
- ⅓ kopp sur grädde
- ¼ kopp majonnäs
- 1 matsked citron juice
- 1 matsked Dijon senap
- 1 vitlök kryddnejlika
- 1 tesked Worcestershire sås
- ½ tesked varm peppar sås
- 3 x 6 uns burkar av marinerad kronärtskocka hjärtan, dränerad och hackad
- 1 kopp riven mozzarella ost
- 3 salladslökar
- 2 tesked mald jalapeño

INSTRUKTIONER:
a) Använder sig av en elektrisk mixer slå de först 8 ingredienser i a stor skål fram tills blandad. Vika ihop i kronärtskockor, mozzarella, salladslökar, och jalapeño.
b) Överföra till a bakning maträtt.
c) Förvärma de ugn till 400 °F.
d) Baka dopp fram tills bubblande och brun på topp- handla om 20 minuter.

93. Dill & Cream Cheese Dip

INGREDIENSER:
- 1 kopp enkel soja yoghurt
- 4 uns av grädde Ost
- 1 matsked citron juice
- 2 matskedar torkas gräslök
- 2 matskedar torkas dill ogräs
- 1/2 tesked hav salt
- Rusa peppar

INSTRUKTIONER:
a) Blanda allt och ställ i kylen i minst en timme.

94. Vildris och chilidip

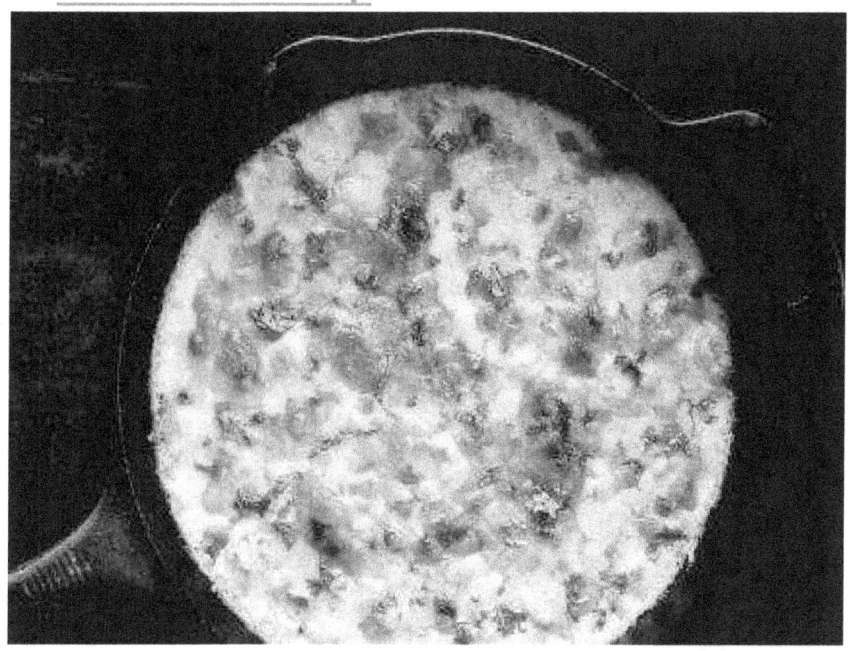

INGREDIENSER:
- 12 uns av kokta linser
- ¼ kopp jästfri grönsak buljong
- ¼ kopp hackad grön klocka peppar
- 1/2 kryddnejlika vitlök, nedtryckt
- 1 kopp tärnad tomater
- ¼ kopp hackad lök
- 2 uns grädde Ost
- 1/2 matsked chili pulver
- 1/2 tesked kummin
- ¼ tesked hav salt
- Rusa paprika
- 1/2 kopp kokta vild ris

INSTRUKTIONER:
a) I a små kastrull, kock de linser och grönsak buljong.
b) Lägg till de lök, klocka peppar, vitlök, och tomater och kock för 8 minuter över medium värme.
c) I a blandare, kombinera Grädde Ost, chili pulver, kummin, och hav salt fram tills slät.
d) Kombinera de ris, grädde ost blandning, och lins grönsak blanda i a stor blandning skål och kasta väl.

95. Kryddig pumpa & Cream Cheese Dip

INGREDIENSER:
- 8 uns av Grädde Ost
- 15 uns av osötad konserverad pumpa
- 1 tesked kanel
- ¼ tesked kryddpeppar
- ¼ tesked muskot
- 10 pekannötter, krossade

INSTRUKTIONER:
a) Piska de Grädde Ost och konserverad pumpa tillsammans i a mixer fram tills krämig.
b) Vispa i de kanel, kryddpeppar, muskot, och pekannötter fram tills grundligt kombinerad.
c) Innan servering, kyla för ett timme i de kylskåp.

ASIATISKA DOPPSOÅS

96.Aprikos Och Chile Doppa Sås

INGREDIENSER:

- 4 torkas aprikoser
- 1 kopp vit druva juice eller äpple juice
- 1 tesked asiatiska chili klistra
- 1 tesked riven färsk ingefära
- 1 matsked soja sås
- 1 matsked ris vinäger

INSTRUKTIONER:

a) I a små kastrull, kombinera de aprikoser och druva juice och värme bara till a koka upp. Avlägsna från de värme och uppsättning åt sidan för 10 minuter till tillåta de aprikoser till mjukna.
b) Överföra de aprikos blandning till a blandare eller mat processor och bearbeta fram tills slät. Lägg till de chili klistra, ingefära, soja sås, och vinäger och bearbeta fram tills slät. Smak, justeras kryddor om nödvändig.
c) Överföra till a små skål. Om inte använder sig av höger bort, omslag och kyla fram tills behövs.
d) Ordentligt lagrad, de sås kommer ha kvar för 2 till 3 dagar.

97.Mango-Ponzu dipsås

INGREDIENSER:
- 1 kopp tärnad mogen mango
- 1 matsked ponzu sås
- ¼ tesked asiatiska chili klistra
- ¼ tesked socker
- 2 matskedar vatten, plus Mer om behövs

INSTRUKTIONER:
a) I a blandare eller mat processor, kombinera Allt ingredienserna och blandning fram tills slät, lägga till annan matsked av vatten om a thinner sås är önskad.

b) Överföra till a små skål. Tjäna omedelbart eller omslag och kyla fram tills redo till använda sig av. Detta sås är bäst Begagnade på de samma dag Det är gjord.

98.Soja ingefära doppsås

INGREDIENSER:
- 1/4 kopp sojasås
- 2 msk risvinäger
- 1 msk sesamolja
- 1 msk honung eller farinsocker
- 1 tsk nyriven ingefära
- 1 vitlöksklyfta, hackad
- 1 matsked hackad salladslök (valfritt)

INSTRUKTIONER:
a) I en liten skål, vispa ihop sojasås, risvinäger, sesamolja, honung eller farinsocker, riven ingefära, hackad vitlök och hackad salladslök (om du använder).
b) Blanda tills det är väl blandat.
c) Justera sötma eller sälta efter smakpreferens genom att tillsätta mer honung/socker eller sojasås om det behövs.
d) Servera som dippsås till dumplings, vårrullar eller grillat kött.

99.Kryddig jordnötsdoppsås

INGREDIENSER:
- 1/4 kopp krämigt jordnötssmör
- 2 msk sojasås
- 1 msk risvinäger
- 1 msk honung eller lönnsirap
- 1 tsk sesamolja
- 1 vitlöksklyfta, hackad
- 1 tsk srirachasås (anpassa efter smak)
- 2-3 msk vatten (för att tunna ut såsen)
- Hackade jordnötter och skivad salladslök för garnering (valfritt)

INSTRUKTIONER:
a) I en mixerskål, kombinera krämigt jordnötssmör, sojasås, risvinäger, honung eller lönnsirap, sesamolja, hackad vitlök och srirachasås.
b) Blanda väl tills det är slätt.
c) Tillsätt vatten gradvis för att uppnå önskad konsistens.
d) Justera kryddningen genom att tillsätta mer sojasås, honung eller sriracha efter smak.
e) Garnera med hackade jordnötter och skivad salladslök om så önskas.
f) Servera som dippsås till färska vårrullar, satayspett eller nudlar.

100.Sweet Chili Lime Dipping sås

INGREDIENSER:
- 1/4 kopp sweet chilisås
- Saften av 1 lime
- 1 msk sojasås
- 1 tsk sesamolja
- 1 vitlöksklyfta, hackad
- 1 tsk riven ingefära
- 1 matsked hackad koriander (valfritt)
- Tunt skivad chili för extra värme (valfritt)

INSTRUKTIONER:
a) I en liten skål, vispa ihop sweet chilisås, limejuice, sojasås, sesamolja, hackad vitlök, riven ingefära och hackad koriander (om du använder).
b) Tillsätt tunt skivad chili om du föredrar extra värme.
c) Justera sötma eller syrlighet genom att tillsätta mer sweet chilisås eller limejuice om det behövs.
d) Servera som dippsås till räkor, vårrullar eller stekt tofu.

SLUTSATS

När vi avslutar vår resa genom en värld av dipp och pålägg hoppas jag att du känner dig inspirerad att lyfta ditt snacksspel och förvandla vanliga stunder till extraordinära upplevelser. "DEN KOMPLETTA RECEPT BOKEN FÖR DIPS OCH SPRED" har skapats med en passion för smak och en kärlek till att dela god mat med nära och kära.

När du fortsätter att utforska den läckra världen av dipp och pålägg, kom ihåg att möjligheterna är oändliga. Oavsett om du experimenterar med nya smakkombinationer, skräddarsyr recept för att passa dina smakpreferenser eller bara njuter av nöjet att doppa och sprida, kan varje tugga vara en påminnelse om glädjen som kommer av att dela mat och skapa minnen med andra.

Tack för att du följde med mig på detta kulinariska äventyr. Må dina dippar vara krämiga, dina pålägg vara smakrika och dina mellanmålsupplevelser verkligen vara extraordinära. Tills vi ses igen, gärna dopp och spridning!

www.ingramcontent.com/pod-product-compliance
Lightning Source LLC
Chambersburg PA
CBHW050345120526
44590CB00015B/1561